# Franz Stadler

# Immer wenn das Licht ausgeht

## 66 Berliner Kinogeschichten

Mit einem Vorwort von
Tom Tykwer

Re Di Roma-Verlag

# Immer wenn das Licht ausgeht

## 66 Berliner Kinogeschichten

### Mit einem Vorwort von Tom Tykwer

Re Di Roma-Verlag

Bibliografische Information der Deutschen Nationalbibliothek:
Die Deutsche Nationalbibliothek verzeichnet diese Publikation in
der Deutschen Nationalbibliografie; detaillierte bibliografische
Daten sind im Internet über http://dnb.ddb.de abrufbar.

ISBN 978-3-86870-482-2

Copyright (2012) Re Di Roma-Verlag

Umschlagillustration: Heribert Kintscher
Grafik & Design

www.rediroma-verlag.de
12,95 Euro (D)

Der 1940 in Essen geborene Programmkinopionier Franz Stadler hat seine Filmleidenschaft zum Beruf gemacht. Nach dem Abitur wurde er bei atlas-Film in Duisburg zum Filmkaufmann ausgebildet und arbeitete als Filmtheaterleiter in Duisburg, Münster und Berlin. 1971 gründete mit dem »filmkunst 66« das erste Programmkino in Berlin, das er 2011 an die Produzentin Regina Ziegler verkauft hat. Zeitweise betrieb er drei weitere Filmtheater in Berlin: »Filmbühne am Steinplatz«, »Graffiti«, »Tivoli«. Für den Verband der deutschen Programmkinos AG Kino fungierte er als Berater bei der Filmauswahl des Programmkinoverleihs »FiFiGe« und der Programmgestaltung des jährlichen Hamburger Filmfests. Sein fachlicher Rat war gefragt in der Filmförderkommission der Filmförderungsanstalt FFA, der Filmbewertungsstelle FBW und dem Vergabeausschusses der Kinoprogrammpreise des Bundes. 2009 wurde das »filmkunst 66« vom Staatsminister für Kultur mit dem Hauptpreis als Bestes Programmkino ausgezeichnet. Für seine Verdienste um die Filmkunst erhielt Franz Stadler 1999 das Bundesverdienstkreuz und 2011 die Berlinale-Kamera. In seinem Erinnerungsbuch »Immer, wenn das Licht ausgeht« hält er Rückschau auf 40 Jahre Programmkino. In Vorbereitung ist sein zweites Buch: »Ein Gag kommt selten allein - Die Kunst der Filmkomödie«.

# Inhalt

Vorwort
Tom Tykwer
Im Wohnzimmer der Filmgeschichte ............................... 13

Prolog
Wie es zu diesem Buch kam ........................................... 17

Vorgeschichte
Mein erstes Kinoerlebnis ............................................... 19

Vorgeschichte 2
Wie ich die Filmkunst entdeckte ................................... 21

Vorgeschichte 3
Wie ich in die Filmbranche einstieg .............................. 23

Vorgeschichte 4
Wie ich nach Berlin kam ................................................ 25

Kinogeschichte 1
Lehrjahre in Berlin ........................................................ 28

Kinogeschichte 2
Warum Jack Nicholson und Dennis Hopper daran Schuld sind,
dass ich das »filmkunst 66« gekauft habe. ..................... 30

Kinogeschichte 3
My First Picture Show ................................................... 32

Kinogeschichte 4
Die Säulenheiligen des »filmkunst 66« .......................... 34

Kinogeschichte 5
Dr. Stadler: Wie ich einen inoffiziellen Doktor-Titel erhielt.... 36

Kinogeschichte 6
Kinolektion: Wie mache ich ein Festival? ................................ 38

Kinogeschichte 7
»Steelyard Blues« und die Kunst der Untertitel ...................... 41

Filmgeschichte 8
Kunst gegen Käse ................................................................... 43

Kinogeschichte 9
Mein Porno-Prozess................................................................ 44

Kinogeschichte 10
Ich dachte, ich wäre tot........................................................... 46

Kinogeschichte 11
Die 4 Musketiere der Filmkunst .............................................. 48

Kinogeschichte 12
Harold & Maude und die Folgen .............................................. 50

Kinogeschichte 13
Das goldene Zeitalter ............................................................... 51

Kinogeschichte 14
3D im Programmkino ............................................................... 54

Kinogeschichte 15
Kultfilm »Hellzapoppin«........................................................... 56

Kinogeschichte 16
Heilich Abend im Kino.............................................................. 58

Kinogeschichte 17
Terroristenjagd im »filmkunst 66« ................................................ 60

Kinogeschichte 18
Gerd Fröbe und die falsche Kinoschlange ..................................... 62

Kinogeschichte 19
Original oder Fälschung ................................................................ 64

Kinogeschichte 20
Die Berlinale im »filmkunst 66«: ................................................ 66

Kinogeschichte 21
Wer oder was ist FiFiGe? ............................................................. 68

Filmgeschichte 22
Tarkowskij und die Magie des Wassers ....................................... 71

Kinogeschichte 23
Technicolor Dreams:
Die große Bühnenshow im »filmkunst 66« ................................. 72

Kinogeschichte 24
Wie ich 40.000 DM gewann und 600.000 DM verlor ................ 74

Kinogeschichte 25
Weltstars im »filmkunst 66«: Jack Nicholson ............................. 75

Kinogeschichte 26
Filmmarathon »Heimat« ............................................................... 77

Kinogeschichte 27
Mein größter Kinohit .................................................................... 78

Kinogeschichte 28
William S. Burroughs im Kino ..................................................... 80

Kinogeschichte 29
Ich heirate eine Familie.................................................. 82

Kinogeschichte 30
Ein Tag im Kino:
Hellmuth Karasek sieht Laurel & Hardy ...................... 84

Kinogeschichte 31
Stars im »filmkunst 66«: Jack Palance ....................... 86

Kinogeschichte 32
Erinnerungen an ein verschwundenes Filmgenre .................... 88

Kinogeschichte 33
Die wunderbare Wertvermehrung des Grundstücks
Bleibtreustraße 12 ...................................... 92

Kinogeschichte 34
Die Dame mit dem Hündchen ................................. 94

Kinogeschichte 35
Weltstars im »filmkunst 66«: Dennis Hopper ........... 96

Kinogeschichte 36
Kleine Lektion über die Allmacht von Kinokonzernen........... 98

Kinogeschichte 37
Der blinde Vorführer – Filmbühne am Steinplatz ................. 100

Kinogeschichte 38
»Graffiti« oder die Miethaie des Bundes ............................ 102

Filmgeschichte 39
»Tivoli«, wo das Kino erfunden wurde .................... 104

Kinogeschichte 40
Macht und Ohnmacht der Baulöwen ................................. 107

Kinogeschichte 41
Mein Lieblingsfeind ................................................. 109

Kinogeschichte 42
Liebeserklärung an meinen Lieblingsfilm ........................ 113

Kinogeschichte 43
Unser geheimer Verkaufsschlager ................................. 116

Kinogeschichte 44
Wollen Sie mit mir tanzen? ....................................... 118

Filmgeschichte 45
Konkursverschleppung für Anfänger ............................... 120

Kinogeschichte 46
Kinoabenteuer Sylt ................................................ 122

Kinogeschichte 47
Neustart in Berlin ................................................ 124

Kinogeschichte 48
Titanic auf dem Wannsee ........................................... 127

Kinogeschichte 49
Digitale Pionierzeit .............................................. 128

Kinogeschichte 50
Kino & Vino ....................................................... 130

Kinogeschichte 51
Typologie der deutschen Filmkritik ............................... 131

Kinogeschichte 52
Typologie der Kinobesucher .................................................... 135

Kinogeschichte 53
Weltstars im filmkunst 66: Kevin Spacey und Bob Hoskins .. 143

Kinogeschichte 54
Hochsicherheitstrakt »filmkunst 66« ....................................... 145

Kinogeschichte 55
Der Bundespräsident im Kino .................................................. 147

Kinogeschichte 56
Kinofeind Nr. 1 ....................................................................... 149

Kinogeschichte 57
Späte Leidenschaft ................................................................... 151

Kinogeschichte 58
Woody Allen in Concert .......................................................... 153

Kinogeschichte 59
Eine kurze Lektion über die Entwicklung der Vorführtechnik:
Vom 35-mm-Film zu D-Cinema ............................................... 155

Kinogeschichte 60
Meine Lehrjahre als Filmförderer ........................................... 159

Kinogeschichte 61
Meine Lehrjahre als Filmjuror ................................................ 162

Kinogeschichte 62
Meine Lehrjahre als Kinojuror ................................................ 164

Kinogeschichte 63
Cannes denn Kino Sünde sein? ................................................ 166

Kinogeschichte 64
    Günther Jauch im »filmkunst 66«............................................ 170

Filmgeschichte 65
    Abschied von Cannes, Abschied vom Kino ........................... 171

Kinogeschichte 66
    My Last Picture Show............................................................ 174

Epilog
    Die Schatten der Vergangenheit ........................................... 176

# Vorwort

## Tom Tykwer
## Im Wohnzimmer der Filmgeschichte

Franz Stadler stand am Eingang seines Kinos, wie fast jeden Abend. Er riss meine Karte ab und warf mir einen seiner schwer zu lesenden Blicke zu. Eine freundliche Mischung aus dezenter Höflichkeit und stiller Musterung; jemand, der sich seine Gäste ganz genau anschaut – natürlich möglichst ohne dass sie es merken. Denn für einen Kinomacher von Stadlers Gattung gibt es nichts Wichtigeres, als zu wissen, wer die Kandidaten sind, mit denen sich so kompromisslos wie möglich das Programm machen lässt, von dem man selber träumt.

Das war 1981. Der Film hieß, glaube ich, GIGANT DES GRAUENS. Das Festival hatte Stadler »Fantastival« getauft und es wurde zum wiederholten Mal in seinem Kino in der Bleibtreustraße, im Filmkunst 66, veranstaltet. Hunderte von tendenziell introvertierten, leicht verhuschten und sonnenlichtverweigernden Besuchern pilgerten für dieses Ereignis in die Stadt und drängelten sich nun vom Foyer in den Saal. Das Programm bot noch am selben Tag DER RABE, einen Horrorfilm von Roger Corman, und U 4000 – PANIK UNTER DEM OZEAN, einen japanischen Science-Fiction-Film aus den 60er Jahren mit Joseph Cotten. Um Mitternacht dann noch DRACULA mit Bela Lugosi.

Für mich war das alles einfach nur ein Wunder. 1981 (ich war 16 Jahre alt) gab es für Fans des fantastischen Films kaum Gelegenheiten, Klassiker des Genres zu erwischen, vor allem nicht im Kino, und erst recht nicht, wenn man, wie ich, in Wuppertal lebte.

Nach Berlin zu reisen und in ein Kino zu gehen, dessen Besitzer sich die unendliche Mühe gemacht hatte, halb Europa nach brauchbaren Filmkopien von Fantasy-Filmen abzusuchen und dann innerhalb von Wochen gleich ein paar Dutzend davon vorzuführen, das war ... wie ein Besuch auf einem anderen, glücklicheren, wundervollen Planeten. Nicht nur ich, viele der Gäste nisteten sich auf Stadlers Planet von mittags bis nachts ein, und das über viele Tage hinweg.

Franz Stadler hat also sein Leben lang den Kinovernarrten ein Zuhause geschenkt – und Filme gezeigt, die er liebte und die ihm (oder zu ihm) passten. Programmreihen erfunden, in denen sie sich frisch entdecken oder neu erschließen ließen. Und ein Publikum auch für Filme gewonnen, die ganz und gar neben allen Tendenzen und Moden der Filmgeschichte standen. Stadler hatte ein Faible für die ganz speziellen Blüten des internationalen Kinos, aber auch eine große Liebe zum klassischen Genre. Nicht immer waren das die Kritikerlieblinge, noch seltener die traditionellen Festivalpreisgewinner, und niemals die Konsenshits. In der Regel entdeckte Stadler auf den Festivals »seine« Knüller eher in den Nebenreihen oder in den Retrospektiven. Er begeisterte sich stets besonders für ein Kino der lustvollen, energischen, aufgeladenen Art, ein Kino, das ein verstärktes Interesse am Zuschauer und seiner Beglückung spüren lässt, ohne das Interesse an der Weiterentwicklung kinematografischer Möglichkeiten aus den Augen zu verlieren.

Seine Leidenschaft für Slapstick hat dabei ebenso für brechend volle Säle gesorgt wie seine Freude an virtuosem Animationskino oder dem französischen »film noir«. Auch heimische Filmemacher von Rosa von Praunheim bis Dani Levy erlebten im »Filmkunst 66« ihre spektakulärsten Hits – und in diesem Buch lässt sich nachlesen, wie oft Stadler die Regeln der klassischen Programmierung unterwanderte bzw. neu erfand, um aus Geheimtipps ein Stadtgespräch werden zu lassen. Der Begriff »Programmkino« ist also von Franz Stadler zentral geprägt worden – er hat ihn mit seinem eigensinnigen Stil ausgefüllt und erweitert.

Kino mit »Programm« – das ist heute zunehmend eine Rarität, da in fast allen Mehrsaalkomplexen Deutschlands das Programm quasi identisch ist – sozusagen ferngesteuert durch die von den führenden Filmverleihern geprägte Verwertungskette.

Dennoch haben sich in vielen Städten einzelne, von Liebhabern betriebene Kinos behaupten können gegen die Monokultur der Multiplexe. In Berlin gehörte Franz Stadlers »Filmkunst 66« zu den tragenden Säulen einer filmischen Subkultur, die sich, ähnlich wie ein Spezialitätenlokal, ein Publikum heran «erzogen« hat, das sich stets betreut, verwöhnt, aber auch herausgefordert fühlt von den eigensinnigen Kreationen des Chefs.

Programmkinos, in der Regel nicht ganz so technologiefixiert wie die Multiplexe, müssen mit Identifizierbarkeit, mit einer eigenen Haltung zum Kino auffallen. Dem Autorenfilm ein Autorenkino – so hat es auch Franz Stadler 40 Jahre lang betrieben, und seiner Position als Gestalter eines Programms darf man ohne Zögern eine Autorenschaft, eine unverkennbare Handschrift zuschreiben.

Heute verdanken wir Kinobetreibern wie Stadler, dass sich jenseits des dominierenden Mainstreams eine nach wie vor vitale Filmkunstverleih-Landschaft um unauffälligere und eigentümlichere Filme bemühen kann, da sie in Kinos wie dem Filmkunst 66 treue Spielstätten behalten hat.

Auch typisch, und in diesem Buch mehrfach nachzuspüren, dass Franz Stadler – der so zurückhaltend und moderat erscheint, wenn man ihm privat begegnet – durchaus lustvoll zum Kategorischen neigt, wenn es um die Verteidigung seines Filmkunstbegriffes geht. Viele seiner Texte beben ebenso vor Enthusiasmus für das Metier wie vor Empörung über, zum Beispiel, nörgelnde Filmkritiker, meckernde Kinobesucher oder skrupellose Konkurrenten im Kinobetrieb. Manchmal kann er an bestimmten Filmen einfach kein gutes Haar lassen, gelegentlich sogar an solchen, die offensichtlich ein derart harsches Urteil nicht verdienen. Nicht so oft (aber auch nicht so selten) stimme ich ihm dabei auch nicht zu. Aber eben das macht ihn so unverwechselbar – seine in jeder programmatischen Entscheidung spürbare persönliche Haltung, die Stadlers Kino auch ein wenig zu einem (nämlich seinem) Wohnzimmer machte. Und, natürlich: sein leiser Sinn für Humor, der zu jeder noch so starken Meinung auch eine ironische Brechung mitliefert. Der Schalk im Stadlerfranz spricht auch aus vielen Zeilen der folgenden Seiten.

Ein Buch wie dieses gibt es meines Wissens nicht. Hier schreibt einer, der Tag für Tag, über Jahrzehnte hinweg, im direkten Kontakt mit dem Kinozuschauer stand, der mehr als jeder Kritiker, Kaufmann oder Filmemacher gelernt hat, was das Publikum bewegt, wonach es sich sehnt, wovor es sich zurückzieht. Es ist eine einzigartige Möglichkeit, dem Geheimnis dieses mysteriösen Mediums und seiner Verführungsspiele ein wenig auf die Spur zu kommen.

Franz Stadler lüftet das Geheimnis dieser Verführung natürlich nicht. Aber er lässt ihr Leuchten in neuen – und alten – Farben lustvoll flackern.

Als ich an einem Abend im Herbst des Jahres 2011 – 30 Jahre nach dem »Fantastival« – Rosemarie und Franz Stadler zu einem Abschiedstrunk im Foyer ihres Filmtheaters besuchte, spürte ich, dass mit ihrem Weggang aus der aktiven Kinoszene auch eine Zeitenwende verbunden ist. Kaum einem Kino gelang das Nebeneinander von Bogart und der »Bettwurst«, von Tarkowskij und Walt Disney besser als dem »Filmkunst 66«. Die Attraktivität einer solchen Erlebnisverknüpfung und die Chance, zwischen all diesen so unterschiedlichen Erzählwelten zu moderieren, hat dieses Kino wie kein zweites zu seinem Credo gemacht.

»Gigant des Grauens« lief übrigens, wie ich zufällig entdeckte, am nächsten Morgen um 6 Uhr 30 im Vormittagsprogramm eines Kabelfernsehsenders.

Tom Tykwer

# Prolog

## Wie es zu diesem Buch kam

»Zum Schreiben eines guten Romans gibt es drei Grundregeln«, hat der amerikanische Schriftsteller Sommerset Maugham festgestellt. »Leider kennt sie niemand.« – Ich auch nicht. Weshalb ich mich lieber mit Kurzgeschichten begnüge. Auch bei denen gibt es drei Grundregeln:

1. Fasse dich kurz;
2. Ufer schriftlich aus, wenn es dem Lesevergnügen dienlich ist;
3. Beende jede Geschichte mit einer Lebenserkenntnis oder Schlusspointe.

Ich werde darauf achten.

Pünktlich zum Abschluss meiner Kinolaufbahn wurde für mich das Traumziel engagierter Programmkinomacher wahr: das »filmkunst 66« wurde von Kulturstaatsminister Bernd Neumann mit dem Spitzenpreis für das beste Kinojahresprogramm ausgezeichnet. Ein toller Preis, der aber einen Haken hat, nämlich die ehrenvolle Aufgabe, die Programmpreisvergabe des nächsten Jahres auszurichten. Bislang hatte jeder Preisträger sich etwas einfallen lassen, um eine im Grundprinzip dröge Veranstaltung, in der nichts weiter passiert, als dass rund 170 Kinos und drei Filmkunstverleiher ausgezeichnet werden, und der Herr Minister ein Statement abgibt zur aktuellen Lage der Filmnation, durch unterhaltsame Programmeinschübe doch zu einem besonderen Ereignis werden zu lassen, nicht ohne den Hintergedanken, die Veranstaltung des jeweiligen Preisvorgängers zu toppen.

Da es im Jahr 2010 das Jubiläum »40 Jahre Programmkino« zu feiern galt, war dies mein Motto für ein Rahmenprogramm mit einem filmischen Rückblick auf alles, was in den zurückliegenden Jahrzehnten in unserer Art von Kino entdeckt wurde. Als einen Teilaspekt dieses Rückblicks ließ ich aus einem fiktiven Tagebuch vorlesen, das ich nie geschrieben, aber so realistisch nachgedichtet habe, dass nach dem Ende der Veranstaltung ein Gast auf meine Frau Rosemarie zukam und seine Bewunderung darüber äußerte, dass ich mich nach der anstrengenden Tagesarbeit noch spätabends hinsetze und Tagebuch schreibe.

Wenn man 40 Jahre lang Kino gemacht hat, dann hat man viel erlebt an komischen, seltsamen, außergewöhnlichen, bizarren und verrückten Gegebenheiten, die auch für einen außen stehenden Leser oder Zuhörer interessant sein können. An jenem Abend der Preisverleihung gab es noch viele gute Ratschläge, um die von all unseren Freunden und Kinokollegen prophezeite stressfreie Langeweile und unkreative Zeitgestaltung des bevorstehenden Rentnerdaseins aufzulockern: ich sollte doch noch weitere Kinoerlebnisse aus dem »filmkunst 66« niederschreiben.

Nun bin ich in einem Alter, das einerseits die Gefahr des Alzheimer-Gedächtnisverlustes näher rücken lässt, was andererseits aber den Vorteil hat, dass, während man sich an das vor einer Minute Gesagte nicht mehr erinnern kann, umso detailgenauer alles das im Langzeitgedächtnis abgespeichert ist, was vor Jahrzehnten geschah. So ist dieser Alterszustand der ideal geeignete Zeitpunkt, die Schatten der Vergangenheit in Schriftform zu fixieren.

Alles ist so geschehen, wie beschrieben, wobei ich mir die dichterische Freiheit der Fantasie erlaube, um durch hintersinnige Formulierungsfinessen schamlos übertreibender Ironie die Sinne zu schärfen für einen klaren Durchblick auf die Eigenart und den Betriebsalltag, die Spielregeln, finanziellen Zwänge und geschäftlichen Hintergründe des Programmkinogeschäfts. Indem ich meine Geschichten einbette in das Zeitgeschehen, durch Kurz-Infos und passende Filmzitate ergänze, möchte ich etwas vermitteln vom Wesen des Programmkinos und dem Zeitgeist einer Epoche.

Da ich mich entschieden habe, mit der Anzahl der Geschichten dem Kinonamen Rechnung zu tragen, bin ich froh, dass mein Kino »filmkunst 66« heißt und nicht den Namen meines Hamburger Preisvorgängers trägt: »Kino 3001«.

# Vorgeschichte 1

## Mein erstes Kinoerlebnis

Immer, wenn das Licht ausgeht, beginnt im Kino die Verzauberung des Publikums in eine andere Welt, die immer auch ein Spiegel ihrer Zeit ist, in dem die Träume, Sehnsüchte und Wünsche der Zuschauer filmische Gestalt annehmen – in der sentimentalen Schmonzette wie im gagreichen Lustspiel, im effektstrotzenden Actionreißer wie im realistischen Sozialdrama als flimmernde Archetypen des kollektiven Unterbewusstseins. Film ist die Begegnung zwischen Fantasie und Wirklichkeit, ist der klare oder verzerrte, verzauberte oder entschleierte Spiegel der Zeit, der unterschwellig oder direkt das Lebensgefühl einer ganzen Ära einfängt. Im Kino werden die Träume des Zeitgeistes geträumt, die erschreckenden und schockierenden, aber auch die rührenden und sehnsüchtigen, sich im Lauf der Jahre wandelnden Träume unserer orientierungslosen Zeit. Weshalb das Kino, die Kunstform des 20. Jahrhunderts, in jeder Zeitepoche andere Träume träumt. Nur die wirklich guten Filme atmen den Pulsschlag des Jahrhunderts und gleichwohl den Hauch der Zeitlosigkeit – wie alle Kunst von ihrer Zeit geprägt und dennoch alle Zeiten überdauernd, wenn kurzfristige Kinohits ohne künstlerische Substanz längst vergessen sind.

Kino hat mein ganzes Leben bestimmt mit meiner Traumkarriere vom passiven Filmgucker zum aktiven Kinomacher. Im zarten Alter von sieben Jahren raubte mein Onkel mir die Unschuld des naiven Kinderblicks auf die Realitäten des Alltags, indem er mich zu meinem allerersten Kinoerlebnis verführte. Mein Onkel, bei dem ich jeden Sommer meine Schulferien verbrachte, war Richter in München und in dieser Eigenschaft in die Kommission der FSK berufen, der »Freiwilligen Filmselbstkontrolle«, die alle Filme auf ihre Jugendfreigabe hin beurteilt. Ein von ihm höchstselbst geprüfter Film sollte mein Erweckungserlebnis für die Magie des Kinos werden: »Die Kinder von Mara-Mara«. Den Titel weiß ich noch, nichts aber vom

Inhalt, nur dass ich damals total überwältigt war von einer Explosion aller möglichen Sinneseindrücke, die mich süchtig werden ließen nach immer mehr. Eine Grundeinstellung, die ich mein Leben beibehalten sollte.

Die Kids von heute, die schon im Babyalter mit den Bildern der bunten Fernsehwelt aufwachsen, werden den Urknall des ersten Filmerlebnisses nicht nachvollziehen können. Was war denn damals meine kindliche Erlebniswelt? Das elterliche Zuhause, die Straße als Spielplatz in der damals noch fast autofreien Zeit des Nachkriegsdeutschlands und das Radio als einziges Unterhaltungsmedium. »Die Kinder von Mara-Mara« war zwar nur ein Schwarzweißfilm, aber doch um so vieles bunter, aufregender, spannender, lustiger als der Alltag mit Elternhaus, Schule und Freunden.

Nichts Böses ahnend hatte mein Onkel mich verdorben für ein normales Leben und die Fährte ausgelegt für meine Zukunft.

## Kurzinfo: Was 1947 sonst noch geschah

Mit dem Marshallplan beginnt der wirtschaftliche Wiederaufbau des kriegszerstörten Deutschlands – Beginn des »Kalten Krieges« zwischen Ost und West – Teilung Indiens und Gründung des Staates Pakistan mit der Folge eines Religionskrieges zwischen Hindus und Moslems. – Dior kreiert mit der Mode der langen Röcke die Modewelle »New Look« – Erster Überschallflug – Gründung der Schriftstellergruppe 47 – Beginn von McCarthys kommunistischer Hexenjagd in den USA – Bert Brecht kehrt aus dem amerikanischen Exil nach Ostdeutschland zurück – Ernst Lubitsch stirbt – Durch die amerikanischen Soldatensender kommt der Jazz nach Deutschland – Deutsche Schlagerhits singen mit den Capri-Fischern Fernwehträume – Queen Elisabeth heiratet – Der erste »Spiegel« erscheint – Erste Filmproduktionen im Nachkriegsdeutschland West und Ost: Helmut Käutner »In jenen Tagen«, Kurt Mätzig »Ehe im Schatten«.

# Vorgeschichte 2

## Wie ich die Filmkunst entdeckte

Jeden Sonntag um 11 Uhr gab es im Kino um die Ecke eine Kinder- und Jugendvorstellung. Meistens Wildwestfilme. Ich habe sie alle gesehen. Und dann sah ich einen Film, in dem alles anders war: »12 Uhr Mittags« mit Gary Cooper und Grace Kelly aus dem Jahr 1952. Es gab keine Indianerüberfälle, keine Verfolgungsjagden in der Prärie und der Held gab zu, dass er Angst habe. Das hatte ein Westernheld noch nie gesagt. Der Film dauerte genau so lange wie die Handlung: die klassische Einheit von Handlung, Zeit und Raum, was ich aber damals noch nicht begriff. Kurz vor dem Showdown gab es eine Bildsequenz, die mich besonders beeindruckte, obwohl gar nichts passierte: zur sich crescendoartig steigernden Musik des orchestralen Titelmotivs begann eine Schnittfolge der Bilder einer Stadt in Angst.

Ich hatte die Filmkunst entdeckt und sah mir von da auch andere Filme an als immer nur Western. Meine einzige Informationsquelle in der Jugendzeit waren die Kurzkritiken der Katholischen Filmkommission in der wöchentlichen Kirchenzeitung, der Pflichtlektüre religiös-konservativer Haushalte. Meine besondere Aufmerksamkeit erregten Filme, deren Beurteilung zu »erheblichen Vorbehalten für Erwachsene« führte. Besonders das Verdikt »Vom Besuch wird abgeraten« betrachtete ich in meinem jugendlichen Leichtsinn durchaus als Filmempfehlung. Auch heute noch bin ich treuer Leser der Katholischen Filmkommission, die mittlerweile mit dem »film-dienst« ein eigenes Filmmagazin herausgibt, das die realitätsfremden Dogmen fanatisch-religiöser Filmbetrachtung zugunsten aufgeklärter Filmsichtung zurückgedrängt hat und mich mein ganzes Kinoleben lang als verlässliche Informationsquelle fundierter Filmkritik begleitet hat. Dass es hierzulande überhaupt kritische Filmzeitschriften gibt, ist den beiden christlichen Kirchen zu verdanken, denn auch die Evangelische Kirche gibt mit »epd.film« ein exzellentes Filmmagazin heraus.

Aber das ist auch schon das einzig Positive, das ich außer der Schönheit bayerischer Barockkirchen dem Katholizismus abgewinnen kann.

## Kurzinfo: Was 1952 sonst noch geschah

Die Bundesrepublik Deutschland wird souverän, der Besatzungsstatus aufgehoben – Die Beziehungen zwischen West- und Ostdeutschland verschlechtern sich – Die argentinische, als Engel der Armen verehrte Präsidentengattin Eva (Evita) Péron stirbt – Nach einem Militärputsch übernimmt der Diktator Batista die Macht auf Kuba – Tod von Englands König George VI, dem der Film »The King's Speech« 2011 ein Denkmal setzen wird – Dwight D. Eisenhower wird amerikanischer Präsident – Charlie Chaplin wird mit dem Vorwurf der Kommunistenfreundlichkeit die Rückreise in die USA verweigert – Der Jazztrompeter Louis »Satchmo« Armstrong auf Deutschlandtournee – Erste Fernsehsendung in Westdeutschland – Die »Bild-Zeitung« erscheint – Werner Höfers erste Journalistenrunde »Der Frühschoppen« – Filme des Jahres: Charlie Chaplin »Rampenlicht«, Henri-Georges Clouzot »Lohn der Angst«, Julien Duvivier »Don Camillo und Peppone«, Gene Kelly »Singin'in the Rain« und »Heidi«.

# Vorgeschichte 3

# Wie ich in die Filmbranche einstieg

Wie Zufälle unser Leben bestimmen, stellt mein Einstieg in die Filmbranche unter Beweis. Ein frommerer Mensch als ich würde es als göttliche Fügung bezeichnen. Vergeblich hatte ich nach dem Abitur versucht, direkt eine Anstellung im Kino zu finden. Alle meine Versuche waren ergebnislos. Obwohl mir damals trotz eines mäßigen Zeugnisses, das fachübergreifend mein totales Desinteresse an allen Lehrfächern widerspiegelte (schließlich gab es kein Fach namens »Filmkunde«) alle studentischen Weiterbildungsmöglichkeiten offen standen, nahm ich kein Studium auf, hörte auch nicht auf den besorgten Ratschlag meiner Eltern: »Wenn du schon nicht studierst, werde wenigstens Beamter.«

Die Gnade meiner erzkonservativen Erziehung gab mir durch die widerspruchslos hingenommene Einziehung zum Wehrdienst eine zeitliche Überlegensfrist für das Finden meines zukünftigen Berufsweges. Einziger Sinn und einziger Zweck dieser einjährigen Lebenszeitvergeudung war es, beim abendlichen Stiefelputzen auf der Zeitungsunterlage unter den Schmutzspuren eine Anzeige zu erspähen, in der die Firma »atlas-Film« einen Lehrling für den Beruf des Filmkaufmanns suchte. Meine Bewerbung wurde angenommen; allein schon deshalb, weil ich der einzige war, der sich auf diese Anzeige hin gemeldet hatte.

»atlas-Film« war als Lehrfirma ideal, waren doch alle filmrelevanten Arbeitszweige unter einem Dach: Kino, Filmverleih, Filmproduktion, Filmwerbung, leider auch Buchhaltung: Meine erste Lernstation, die mir fast das Filmbusiness verleidet hätte – ist doch Buchhaltung eine Arbeitswelt, die mir in ihrer Fantasie abtötenden Monotonie und ihrem Zwang zu zahlenfixierter Pedanterie völlig wesensfremd ist.

Verleihpionier Hanns Eckelkamp wurde mein großes Vorbild, hatte er doch mit dem »atlas-Filmverleih« völlig neue Wege bei der Filmvermarktung beschritten, die in einem schlüssigen Gesamtkonzept mit originellen Werbeideen, intensiver Pressebetreuung jedes einzelnen Films und Aufsehen erregenden Anzeigen das Publikum auch mit künstlerisch anspruchsvollen Filmen ins Kino lockte. Eckelkamp, der auch Filme produzierte, brachte Fassbinder ebenso ins Kino wie Ingmar Bergman.

Und wer war in jenen Tagen ebenfalls als Lehrling bei »atlas-Film« tätig? Eine gewisse Rosemarie, die viel später Stadler heißen sollte. Doch so hübsch das Mädel auch war, unter rein erotischem Aspekt war eine 16-jährige für einen 21-jährigen jungen Mann nicht die Erfüllung seiner Sehnsüchte. Zwischen uns funkte es erst 20 Jahre später, als Hanns Eckelkamp alle seine ehemaligen Mitarbeiter zu einem Wiedersehensfest in seine Firmenzentrale in Duisburg einlud und wir uns, älter und mehr oder weniger reif geworden, wiedersahen. Bei uns war es Liebe auf den zweiten Blick.


**Kurzinfo: Was 1962 sonst noch geschah**
Sturmflut in Hamburg, Innensenator Helmut Schmidt wird als Retter in der Not gefeiert – Die Fernsehserie »Das Halstuch« fesselt als sogenannter Straßenfeger ein Millionenpublikum – Erster amerikanischer Raumflug ins All des Astronauten John Glenn – Die »Beatles« treten im Hamburger »Star Club« auf – Start des ersten TV-Satelliten läutet den Beginn eines neuen Fernsehzeitalters ein – »Spiegel«-Affäre: Herausgeber Rudolf Augstein und Redakteure werden verhaftet – Kubakrise und Weltkriegsgefahr: Kennedy verhindert die Stationierung russischer Raketen auf Kuba – Mit der Antibaby-Pille beginnt ein als Pillenknick bezeichneter Geburtenrückgang – Gestorben: Marilyn Monroe, Charles Laughton, Michael Curtiz – Mit ihrem Oberhausener Manifest erklärt eine Gruppe junger deutscher Nachwuchsregisseure Papas Kino für tot und fordert eine neue deutsche Filmförderung – Filmpremieren: John Ford »Der Mann, der Liberty Valance erschoss«, David Lean »Lawrence von Arabien«, Roman Polanski »Das Messer im Wasser«, Francois Truffaut »Jules und Jim«, Stanley Kubrick »Lolita«.

# Vorgeschichte 4

# Wie ich nach Berlin kam

In Münster absolvierte ich meinen ersten Job als Filmtheaterleiter eines Filmkunstkinos: im »Filmstudio Gertrudenhof« unter dem Spardiktat der greisen Mutter von Hanns Eckelkamp, deren Bewusstsein geprägt war von der Not zweier erlebter und erlittener Weltkriege. Wenn sie sich ein kleines Stück Schokolade gönnte, vierteilte sie es mit der Rasierklinge ihres seligen Gatten. Jeden Montag war die Anzeigenaufgabe ein Kampf um die Kosten der Filminserate, deren unveränderliche Größe durch die Anzeigenmotive der Filmverleiher und die Spaltenbreite der Zeitungen vorgegeben war. Doch als ich ihr als einzig effektive Sparmöglichkeit vorschlug, den Kinonamen wegzulassen, fand sie das auch nicht gut. Und als sie mir auftrug, doch in Zukunft die kleinen Papierröllchen, auf die bei den damaligen Rechengeräten die Zahlen zur Addition eingetippt wurden, doch nach Gebrauch nicht im Papierkorb zu entsorgen, sondern wieder aufzurollen, mit der Kehrseite einzuspannen und so zur Doppelnutzung freizugeben, entgegnete ich ihr, ob ich bei der Benutzung der gebrauchten firmeneigenen Toilettenpapierrollen genauso verfahren solle. Diese mit unziemlicher Präzision formulierte Frage fand sie gar nicht komisch und strafte mich mit einem tödlichen Blick ab, der mich ahnen ließ, wie Sagengestalten uralter Mythen versteinert wurden.

Die erzkatholische Atmosphäre Münsters, wo der Pfarrer der benachbarten Kirchengemeinde bei der Sonntagspredigt schon mal gegen mein Kinoprogramm wetterte, wenn gewagte Filme oder noch gewagtere Anzeigen gegen sein religiöses oder sittliches Anstandsgefühl verstießen, vernebelten meinen Blick für die Schönheiten dieser historisch geprägten Stadt.

Atlas-Film zeigt in Deutschland: **das Schweigen** ■ Ingmar Bergman

Prädikat: besonders wertvoll

Film-Millionär

Atlas-Chef

Der größte Schock war aber der Ingmar-Bergman-Film »Das Schweigen«, bei dem der Pfarrer zum Filmboykott aufrief, womit er aber nur das Gegenteil bewirkte. Ich werde nie vergessen, wie die Kinokassiererin des 500-Plätze-Kinos die Geldscheine in einen Pappkarton zu ihren Füßen hinein rieseln ließ bei täglich ausverkauften Vorstellungen. Hanns Eckelkamp erzählte mir später, wie es gelungen war, die Zensurgrenzen zu liften zur Freigabe von Sexszenen, deren Schockpotenzial heute harmlos erscheint, aber damals zu Bundestagsdebatten führte. Immer wenn ein FSK-Beobachter nach einer Sexszene kreidebleich aus dem Vorführraum kam, leistete der »atlas«-Pressechef Überzeugungsarbeit mit den Worten: »Ist alles nur Kunst, Ingmar Bergman hat nur an den lieben Gott gedacht, alles Kunst.«

Der Münsteraner definiert seine Stadt mit dem Dreiklang eines Spruches, der da lautet:

Entweder es regnet,
oder die Glocken läuten,
oder es wird eine neue Kneipe eingeweiht.

Keines dieser Lebensdogmen konnte mich lange in Münster halten, obwohl diese Leidenszeit abgemildert wurde durch die Gesellschaft der Münsteraner Studienfreunde, die ich durch einen dort studierenden Schulfreund aus Kindertagen kennenlernte und die so in den kostenlosen Genuss von Filmbesuchen kamen, was ihnen erlaubte, das eingesparte Geld in den Münsteraner Studentenkneipen zu reinvestieren.

Ich wollte nix wie weg. Und rief sofort an, als ein Theaterleiter für ein Filmkunstkino gesucht wurde. Wo denn das sein sollte, war meine erste Frage. Und erhielt als Antwort zurück: »Wo wollen Sie denn hin?« Auf meine Entgegnung, dass ich den Ort eigentlich von ihm zu erfahren gedachte, erwiderte mein zukünftiger Boss, ursprünglich suche er einen Theaterleiter für ein Kino in Wiesbaden, aber seit gestern habe er auch ein Kino in Berlin und wenn wir uns einig würden, hätte ich auch das Recht der ersten Wahl.

Es bedurfte keines langen Entscheidungsprozesses, ob ich meine Zukunft lieber in einer verschlafenen Provinzhauptstadt suchen wollte oder in der pulsierenden Frontstadt Berlin.

### Kurzinfo: Was 1963 sonst noch geschah

Das ZDF geht auf Sendung – Der englische Minister John Profumo strauchelt über die Callgirl-Affäre mit Christine Keeler – Start der Fußballbundesliga – Britische Posträuber landen Millionencoup – Marika Kilius und Hans Jürgen Bäumler Weltmeister im Eiskunstlauf - Wirtschaftsminister Ludwig Ehrhard, der Vater des deutschen Wirtschaftswunders, wird Bundeskanzler – Gestorben: John F. Kennedy, Edith Piaf, Jean Cocteau – Film des Jahres: Ingmar Bergman »Das Schweigen - weitere Filme: Federico Fellini »8½«, Jean-Luc Godard »Die Verachtung«, Stanley Kubrick »Dr. Seltsam«, Federico Fellini »Der Leopard«, Alfred Hitchcock »Die Vögel«., der erste James Bond-Film „James Bond 007 jagt Dr. No".

# Kinogeschichte 1

# Lehrjahre in Berlin

Allein in Berlin. Allein mit der Verantwortung für das Funktionieren eines Kinobetriebs und allein mit meiner Ambition, eigene Wege in der Programmgestaltung zu gehen. Zu Beginn der wilden 68er-Jahre war ich Theaterleiter des Kinos »Bellevue am Hansaplatz« im Bezirk Tiergarten, das schnell zu einem Vorläufer der Programmkinos wurde. Ich probte erste kleine Programmreihen und Festivals. Freitagnachts präsentierten »Die Freunde der deutschen Kinemathek«, die damals noch nicht ihr eigenes »Arsenal«-Kino hatten, ihre Filmentdeckungen. Einmal im Monat zeigte als Vorbote des »Prager Filmfrühlings« der tschechische Botschafter neue Filme der tschechischen Filmavantgarde.

Mit meinem Cinéastenfreund Manfred Salzgeber, der Jahre später die Panorama-Sektion der Berliner Filmfestspiele leiten sollte, heckte ich eine Programmidee aus, die über Jahre hinaus Kult war in Berlin: Jazz & Slapsticks. Eine wahrhafte Schnapsidee, geboren in einer Jazzkneipe, in der wir nach einer Nachtvorstellung im »Bellevue« über einen Zwischenruf mit Folgen diskutierten.

Ich hatte ein Slapstickprogramm mit Kurzfilmen des Komikers Harald Lloyd gezeigt, in dem gemäß der Synchrongewohnheiten jener Zeit ein Scherzkeks von Kommentator alle Gags, die man gesehen hatte, mit dämlich auf Spaß getrimmten Versen noch einmal erklärte, als seien alle Kinobesucher mit Blindheit geschlagen. Nach einer halben Stunde rief ein verärgerter Besucher lauthals in den Saal: »Stellt doch endlich diesen dämlichen Kommentar ab!« Anstatt diesen Besucher wegen Störung der Vorstellung zur Ordnung zu mahnen, kam ich bereitwillig seiner Aufforderung nach. Beifall im Saal brauste auf und alle erfreuten sich eines ungestört lustigen Filmerlebnisses.

Dieses und über weitere Programmideen diskutierend meinte Manfred Salzgeber zu mir: »Lass doch die »Whoopees« dazu spielen.«

Damit meinte er eben jene Band, die an diesem Abend in diesem Lokal auftrat. Ich habe die Band noch am gleichen Abend engagiert und einen Monat später gab es zum ersten Mal »Jazz & Slapsticks«. Am ersten Abend war der 537-Platzsaal nur halbvoll, aber danach Sonnabendnachts sieben Jahre lang mehr oder weniger ausverkauft. Zwei Stunden lang totales Gag- und Stimmungskino. Jazz und Slapsticks – zwei Kunstformen aus der gleichen Zeitära des beginnenden 20. Jahrhunderts, die sich ideal ergänzen. Im Nachhinein weiß ich nicht, was schwieriger war: sieben Jahre lang für jeden Sonnabend eine Dixielandband aufzutreiben oder sieben Jahre lang immer wieder neue alte Stummfilmgrotesken zu besorgen.

Es gab aber auch Zwischenfälle ernsthafter Natur in jener Zeit der Studentenunruhen. In der Nacht, als Benno Ohnesorg getötet wurde, drangen aufgebrachte Studenten ins Kino ein, forderten den Abbruch der Vorstellung. Ich gab ihnen fünf Minuten Zeit, ihr Anliegen vorzutragen und unterbrach die Vorführung. Die Gruppe informierte das Publikum und rief es auf zur Demonstration gegen Axel Springer. Von den hundert Besuchern, die im Kino saßen, folgten fast alle der Aufforderung.

So wurde selbst eine unpolitische Filmvorstellung politisch.

## Kurzinfo: Was 1967 sonst noch geschah

Die »Kommune 1« wird gegründet – Während einer Demonstration gegen den Schah von Persien wird der Student Benno Ohnesorg von einem Polizisten erschossen – Beginn der Studentenkrawalle – Erste Herztransplantion durch Christiaan Barnard – Mit der »Konzertierten Aktion« bekämpft Finanzminister Karl Schiller die erste deutsche Wirtschaftskrise – Beim Start des Apollo-1-Raumschiffs sterben drei Astronauten – In Griechenland putscht das Militär und errichtet eine Diktatur – Israel triumphiert im 6-Tage-Krieg gegen Ägypten, Jordanien und Syrien – Gestorben: Ernesto »Che« Guevara, René Magritte, Harpo Marx, Hans Moser, Peter Lorre, Veit Harlan – Größter deutscher Filmerfolg: der Aufklärungsfilm »Helga«, und die Schwabing-Komödie »Zur Sache Schätzchen« von May Spills. Weitere Premieren: Jean-Luc Godard »Weekend«, Arthur Penn »Bonny & Clyde«, Francois Truffaut »Die Braut trug schwarz«, Mike Nichols »Die Reifeprüfung«, Luis Bunuel »Belle de Jour«, Jean-Pierre Melville »Der eiskalte Engel«, Walt Disney »Das Dschungelbuch«.

# Kinogeschichte 2

## Warum Jack Nicholson und Dennis Hopper daran Schuld sind, dass ich das »filmkunst 66« gekauft habe.

1970 lief im »Bellevue« der Kultfilm des Jahres: »Easy Rider«. Anders als heutzutage, wo jeder Film auf breiter Basis in möglichst vielen Kinos gleichzeitig ausgewertet wird, hatte jedes Kino den unter Vertrag genommen Film für sich ganz allein. Kein anderes Kino durfte mitspielen. »Easy Rider« lief nur im »Bellevue« im Bezirk Tiergarten und im »Adria« in Steglitz. Ein halbes Jahr hatten wir ein volles Haus, aber dann kamen nur noch wenige Besucher. Der Film wurde abgesetzt, die Filmkopie lief im »filmkunst 66« in Charlottenburg weiter und war wieder ausverkauft. Dieses erstaunliche Phänomen brachte mich ins Grübeln. Die Erklärung war simpel: Erstmals lief der Film in der Innenstadt von Berlin.

Ein Jahr zuvor hatte ich mit meinem damaligen Chef schon einmal vor dem »filmkunst 66« gestanden, als ihm das Kino angeboten worden war. Doch angesichts der finsteren Gegend, des Zuhälter- und Nuttenmilieus in der Bleibtreustraße, die im Volksmund den Namen »Bleistreustraße« trug nach einer wilden Schießerei vor der Zuhälterkneipe gegenüber dem Kino, meinte mein Chef kopfschüttelnd: »Hier kann man kein Filmkunstkino machen.« Das sah ich jetzt anders und kaufte selbst das Kino mit Hilfe einer kleinen Erbschaft und großen Schulden.

Film hat mein ganzes Leben bestimmt. Und so war es nur natürlich, dass mich auch ein Film dazu veranlasst hat, das »filmkunst 66« zu erwerben.

## Kurzinfo: Was 1970 sonst noch geschah

Ost-westdeutsche Entspannung: Willy Brandt in Erfurt – Willy Brandts Kniefall in War-schau zum Gedenken an die Opfer des Warschauer Juden-Ghettos – Die Fernsehsen-dung »Aktenzeichen XY« ruft zur Volksjagd auf – Die Beatles trennen sich – Der zwei-einhalbjährige Biafrakrieg in Afrika ist beendet – Die Journalistin Ulrike Meinhof befreit Andreas Baader mit Waffengewalt aus dem Justizgewahrsam – Der Marxist Salvador Allende wird zum chilenischen Präsidenten gewählt – Gestorben: Charles de Gaulle, Jimi Hendrix, Janis Joplin, Arthur Miller, Fritz Kortner, Grethe Weiser – In den deutschen Kinos rollt die Sexwelle, die »Freunde der deutschen Kinemathek« gründen mit dem »Arsenal« das erste kommunale Kino, in Bremen und Hamburg entstehen die ersten Programmkinos: »Cinema Ostertor« und »Abaton-Kino«. – Der »Filmverleih der Auto-ren« wird von Fassbinder, Lilienthal und Schamoni gegründet – Kinopremieren: Dennis Hopper »Easy Rider«, Robert Altman »MASH«, Pier Paolo Pasolini »Decamerone«, Michael Wadley »Woodstock«, Arthur Penn »Little Big Man«, Michelangelo Antonioni »Zabriskie Point«.

# Kinogeschichte 3

## My First Picture Show

1.10.1971. Ich habe ein eigenes Kino. 400 Plätze mit uralten, tausendfach geflickten Polsterstühlen, noch älteren Projektoren und einem sich später in Stichflammen auflösenden Röhrenverstärker.

Zeitgleich und ohne jegliche gegenseitige Absprache eröffneten auch noch zwei andere neue Filmkunstkinos ihre Pforten: das »Klick«, ebenfalls in Charlottenburg, und der »Notausgang« in Schöneberg. Die Zeit war einfach reif für eine neue Art von Kino, das Filme in thematischen und filmhistorischen Zusammenhängen zeigte, alte Filmklassiker neu entdeckte und jungen Filmtalenten, deren Filme die Ku'dammkinos nicht zu spielen wagten, ihre erste Kinochance gab: Regisseure wie Rosa von Praunheim, Wim Wenders, Werner Herzog oder Jim Jarmush, Pedro Almodóvar und Robert Altman. Unsere Kinobesucher, die Filmkritiker und wir als Kinomacher – alle waren wir gleich alt, hatten die gleichen Wertvorstellungen, Ansichten, Ideale und Träume und waren beseelt von der Aufbruchsstimmung der 68er-Bewegung, neugierig auf alles Neue und Unentdeckte. Das Programmkino war geboren.

Wie enttäuscht war ich, als das Kino am Eröffnungstag nicht gleich ausverkauft war. Da musste ich noch einen Monat warten. Nachdem ich mit der »Jazz & Slapsticks«-Reihe so gute Erfahrung gemacht hatte, war mein erstes Monatsprogramm ein Slapstick-Festival. Da gab es viel zu lachen für das Publikum, aber nicht für mich angesichts der spärlichen Besucherzahlen.

Einen Monat später war ich wieder versöhnt: dank meines Horrorfilm-Festivals. Da gab es, filmhistorisch geordnet, sowohl die alten Klassiker wie »King Kong« und »Frankenstein« ebenso wie den modernen Horror von Polanski, »Rosemaries Baby«, wie die Splatter-Kunst von »Die Nacht der lebenden Toten«. Alles kann Filmkunst sein. Man muss es nur richtig präsentieren.

Wie würde es geschäftlich weitergehen? Genau so. 39 Jahre lang im wechselhaften finanziellen Auf und Ab von geheim gebliebenen Filmkunstentdeckungen und überraschenden Filmkunsthits.

## Kurzinfo: Was 1971 sonst noch geschah

Willy Brandt wird mit dem Friedensnobelpreis ausgezeichnet – Das von den Siegermächten USA, England, Frankreich und Sowjetunion unterzeichnete Berlin-Abkommen regelt den Transitverkehr neu und erleichtert Besuchsmöglichkeiten – Honecker wird Ministerpräsident der DDR – In Uganda putscht sich der Diktator Idi Amin Dada an die Macht – Bangladesh sagt sich von Pakistan los – Erste Aktionen von Greenpeace – Die »Stern«-Aktion »Wir haben abgetrieben« führt zu einer Liberalisierung des Abtreibungsparagrafen – Gestorben: Fernandel, Harold Lloyd, Michael Romm - Filmhit des Jahres: »Die Lovestory« - Weitere Premieren: »Stanley Kubrick »Uhrwerk Orange«, Francois Truffaut »Der Wolfsjunge«, Luchino Visconti »Tod in Venedig«, Dusan Makawejev »WR – Mysterien des Organismus«, Alan J. Pakula »Klute«,

# Kinogeschichte 4

## Die Säulenheiligen des »filmkunst 66«

Am Tag meiner Kinoeröffnung standen noch zwei weibliche Säulenheilige rechts und links neben dem Kinoeingang. Es waren Überbleibsel aus der Ära meines Kinovorgängers, hatte der doch einen Sexfilmverleih, weshalb er auch, um 100 Prozent Einnahme zu behalten, seine eigenen Filme dort spielte. Angesichts dieser Programmgestaltung und der gegenüberliegenden Zuhälterkneipe waren die beiden Damen des lustbringenden Gewerbes die ideale Ergänzung eines sich perfekt ergänzenden Unterhaltungsangebots. Synergieeffekt nennt man das heute.

Während ich noch überlegte, wie ich die beiden vom Eingang weglocken könnte, ohne mit ihren Zuhältern Ärger zu kriegen, sind sie von ganz alleine verschwunden: erst auf die gegenüberliegende Ecke, später waren sie ganz weg. Es kam nicht mehr ihr Publikum. Es kamen überwiegend junge Leute, die für professionellen Lustgewinn weder die Notwendigkeit verspürten noch das Geld für solchen Zeitvertreib hatten. Vor allem kamen zu viele Leute; es begann ein Leben und Treiben, das nicht mehr der ideale Background war für diese Art des Kundendienstes.

Ein halbes Jahr später wurde aus der Zuhälterkneipe die Studentenkneipe »Café Bleibtreu«, daneben machte die Pizzeria »Ali Baba« auf. So veränderte die Bleibtreustraße im allmählichen Wandel ihr Gesicht und ist heute mit ihrem natürlich gewachsenen Mix aus besitzergeführten Boutiquen, kleinen, originellen Läden und Esslokalen jeglichen Couleurs eine der schönsten Nebenstraßen des Kurfürstendamms.

Wenn wir an lauwarmen Sommerabenden, mit Blick auf stilvoll renovierte Altbaufassaden vor dem Kino sitzend, Hof hielten im steten Wechsel von vorbeiziehenden Freunden und Bekannten, so zählen diese fröhlichen Runden mit ihren anregenden Gesprächen, heißen Diskussionen und hochgeistigen Erörterungen zu den schönsten

Momenten des Kinodaseins, wenngleich ich eigentlich von tiefer Melancholie erfüllt sein müsste darüber, dass sich vor dem Kino mehr Menschen befanden als im dunklen Kinosaal.

## Kurzinfo: Kleine Geschichte der Bleibtreustrasse

Dieser Straße treu zu bleiben, ist nicht schwer: In der Bleibtreustraße ist aus Kiez und Lebenskunst eine magische Wirkung erstanden.

Dem Schlachtenmaler Georg Bleibtreu (1812 – 1892) verdankt die Straße ihren Namen. Keiner erinnert sich an den Bleibtreu, während die Bleibtreu unvergesslich bleibt, wenn man sie kennt. Der Theaterregisseur Max Reinhardt wohnte hier, die Schauspielerin Tilla Durieux, der ehemalige Bundeskanzler Kurt Kiesinger. (Und heute wohnt dem »filmkunst 66« gegenüber Oscar-Preisträger Christoph Waltz.)

Nach dem Krieg und der Teilung der Stadt gediehen in der Bleibtreu Alltag und Nachtleben einträchtig nebeneinander: In Nr. 30 das Bordell »1001 Nacht«, im »Café Untreu« (gegenüber dem Kinoeingang) gab es neben Rock'n'Roll auch Drugs, zehn Schritte weiter im »Go In« traten alle Liedersänger auf von Ingo Insterburg bis Reinhard Mey, von Otto bis Gebrüder Blattschuss.

Die Zuhälterkneipe »Bukarest«, heute Café Bleibtreu, war dann die Kulisse für den Anfang des totalen Wandels der Straße. Am 27. Juni 1970 gab es eine Schießerei zwischen zwei rivalisierenden Banden, die einen Toten und drei Verletze forderte und mehrere Wagen filmreif durchsiebte. Dieser Abend ging wie ein Ruck durch die Berliner Nachtszene. Die Bleibtreustraße wurde von den Berlinern umbenannt in Bleistreustraße. Die Polizei sagte der Banden- und Drogenszene den Kampf an. Und mitten im heißen Berlin der Studentenbewegung, in den Bürgerhäusern, verruchten Kneipen und braven Läden der Bleibtreu siedelten sich junge Leute an, Lebenskünstler der ersten Stunde. Sie machten aus dem Bermudadreieck für Bohémiens eine vitale Meile. Die Lebenskünstler und das legendäre Kino »filmkunst 66« schufen die Magie der heutigen Bleibtreustraße. Sie zogen Gleichgesinnte an, Leute, die etwas von der Welt wissen und verstanden haben.

Und so vertragen sich hier nun seit drei Jahrzehnten extravagante Mode, Designermöbel, noble Friseure, internationale Gastronomie, feines Schuhwerk, Schmuck und Blumenkunst. Ist die Bleibtreu ein Idyll? Beim Flanieren fühlt sie sich auf unsentimentale, lebendige Weise jedenfalls so an.

(Reportage aus »Wie Leben: Léonce 2003«)

# Kinogeschichte 5

## Dr. Stadler: Wie ich einen inoffiziellen Doktor-Titel erhielt

Eines meiner ersten Filmfestivals, das Western-Festival, verhalf mir zu einem inoffiziellen Doktortitel. Wie alle meine Festivals hatte ich das Programm mit 66 Filmen aus 4 Jahrzehnten nach filmhistorischen, thematischen und künstlerischen Aspekten aufstrukturiert:

- Die Entwicklung des Western: Vom Serial zum Edelwestern
- Die 7 Grundthemen des Western
- Der Western und seine Regisseure.

Wenn ich etwas in der Schule für das Leben gelernt habe, dann ist das die Fähigkeit zum analytischen Denken, um Zusammenhänge, Strukturen und Tendenzen zu erkennen, ohne die ich alle meine Filmfestivals nicht hätte gestalten können. Und wenn ich in irgendeinem Fach gut war, dann war es das Fach Deutsch, in dem ich die einzigen »Einsen« meiner Schulkarriere geschrieben habe. Einschränkenderweise war es jeweils nur eine »Eins minus« wegen der grammatikalischen Flüchtigkeitsfehler, die untrügliches Kennzeichen all meiner späteren Schreibversuche geblieben sind als ergebnisreiches Betätigungsfeld für achtsame Korrekturleser.

Der Filmredakteur der BZ schrieb in seinem Artikel zu diesem Programm, das sei mehr als nur ein Festival, es sei schon eine Doktorarbeit über den Western. Auch wenn die »BZ« nicht als das honorige Wissenschaftsinstitut zur Vergabe von Doktorwürden im Medienbereich prädestiniert ist, so darf doch angemerkt werden, dass dieses Festivalprogramm mitsamt seinem filmhistorischen Begleittext nicht nach der Guttenberg-Methode erstellt wurde.

Deutsche Filmbücher über das Genrekino zum Abschreiben gab es damals noch nicht.

36

## Kurzinfo: Was 1972 sonst noch geschah

Bundestag beschließt Radikalenerlass: Berufsverbot für Radikalenverdächtige – Blutsonntag in Londonderry: Britische Soldaten schießen in Demonstrantenmenge. Die IRA antwortet mit Attentaten, der Bürgerkrieg in Nordirland eskaliert – USA beginnen den totalen Luftkrieg in Vietnam – Die Führung der RAF wird gefasst: Andreas Baader, Holger Meins, Jan-Carl Raspe, Gudrun Ensslin und Ulrike Meinhof – Olympische Spiele in München enden im Blutbad arabischer Terroristen – Richard Nixon wird wiedergewählt – Deutschland wird Fußball-Europameister - Der erste europäische Airbus macht der Marktherrschaft der USA Konkurrenz – Nobelpreis für Heinrich Böll – Die Kinobesitzer Werner Grassmann (»Abaton«, Hamburg) und Gerd Settje (»Cinema Ostertor«, Bremen) gründen die »AG Kino«: die Arbeitsgemeinschaft Kino als Verband der deutschen Programmkinos – Gestorben: Maurice Chevalier, William Dieterle, Margaret Rutherford, Asta Nielsen – Film des Jahres: Francis Ford Coppola »Der Pate« - Programmkino-Hit: Werner Herzog »Aguirre – der Zorn Gottes - »filmkunst 66«-Hit: Andrej Tarkowskij »Solaris« – weitere Premieren: Bob Fosse »Cabaret«, John Waters »Pink Flamingos«, Alfred Hitchcock »Frenzy«, Peter Bogdanovich »Is Was Doc?«, Federico Fellini »Roma«, William Friedkin »French Connection«, Don Siegel »Dirty Harry«, Sam Peckinpah »Wer Gewalt säht«.

# Kinogeschichte 6

## Kinolektion: Wie mache ich ein Festival?

In der grundsätzlichen Absicht, das Genrekino vom Geruch des Trivialen zu befreien und dessen Regisseure wie John Ford oder Alfred Hitchcock in ihrer wahren Bedeutung zu entdecken, machte ich mich daran, in symptomatischer Filmrecherche alle Rubriken des Genre-Kinos zu durchforsten: vom Western bis zum Musical, vom Science Fiction- bis zum Piratenfilm, von der Komödie bis zum Melodram, vom Krimi bis zum Erotikfilm, wobei mir eine Gesetzeslücke zur Hilfe kam, um auch Hardcore-Filme vom Image des Schmuddeligen zu befreien und zu Filmkunst zu veredeln: Pornografie durfte gezeigt werden, wenn der Preis für den Film geringer ausfiel als der Preis für eine Beigabe, etwa ein Glas Sekt zum Film, das dann 3.01 DM kostete, während der Film dann nur 2.99 DM kostete. So preislich dekoriert war es keine Pornografie mehr.

Ein Jahr vor »That's Entertainment« schnibbelte ich zum Auftakt meines Musical-Festivals 1973 einen eigenen Zusammenschnitt der besten Tanz- und Gesangszenen zusammen, ohne die störenden Star-Kommentare der späteren MGM-Nummernrevue. Hat da Hollywood meine Programmidee geklaut?

Mit all meinen Filmfestivals betrat ich filmisches Neuland, das ich erst selbst entdecken musste. Wegweiser waren englischsprachige Bücher und Fachzeitschriften, denn deutschsprachige Filmliteratur über die damals nur hämisch beurteilten Abartigkeiten des Genrekinos gab es noch nicht. Mit detektivischer Spurensuche galt es, die einzelnen Filme, deren deutsche Titel meist anders lauteten als ihre Originaltitel, bei den deutschen Filmverleihern aufzuspüren. Was dann in den entferntesten Ecken der Filmlager entdeckt wurde, bedurfte stundenlanger Entstaubungs- und Klebearbeit des Filmvorführers, um die ausrangierten und seit Jahren nicht mehr gespielten Filmkopien in einen vorführreifen Zustand zu bringen.

# die großen festivals

Als „**Doktorarbeit über den Western**" bezeichnete eine große Berliner Zeitung das erste Western-Festival im „filmkunst 66". Einzigartig in Deutschland waren die großen Festivals und Programmreihen, die das „filmkunst 66" über die Grenzen Berlins hinaus bekannt machten.
In thematisch und filmhistorisch fundierten Retrospektiven wurde speziell das Genre-Kino vom Ruch des Trivialen befreit und in all seinen cineastischen Reizen entdeckt.

Heute ist diese Aufarbeitung der Filmgeschichte abgeschlossen und so habe ich mich mit meinen alljährlichen Festivals zur Saure Gurken-Zeit des filmischen Sommerlochs auf das aktuelle Kino konzentriert: Neben Länderprogrammen über die im deutschen Kino noch weitgehend unentdeckten Filmkontinente Asien und Südamerika hat es mich stets gereizt, mit meinen Festivalprogrammen neue, tolle Filme zu entdecken, die trotz ihres künstlerischen Formats und ihrer niveauvollen Unterhaltsamkeit keinen deutschen Filmverleih gefunden hatten.

Obwohl jedes Jahr an die 500 Filme in deutschen Kinos starten, ist dies nur ein kleiner Bruchteil der Weltproduktion, der nicht unbedingt nach dem »Best of«-Prinzip ausgewählt worden ist. Zu viele Gründe, Abhängigkeiten, Exklusivverträge, Zufälligkeiten, Risikoängste und zu hohe Preisvorstellungen bestimmen die Filmauswahl. Aber vielleicht sind die wahren Gründe auch viel simpler: Wenn ich auf den Filmfestspielen in Cannes als ungeduldiger Mensch bei Nichtgefallen eines Films voreilig den Saal verlasse und dann im Herausgehen in die vor Müdigkeit geschlossenen Augen der Filmeinkäufer blicke, spätestens dann weiß ich, warum so viele gute Filme nicht den Weg ins deutsche Kino finden.

Die Filmeinkäufer haben diese Filme einfach verschlafen.

## Kurzinfo: Was 1973 sonst noch geschah

US-Truppenabzug in Vietnam – Kreml-Chef Breschnew besucht Bundeskanzler Willy Brandt – In der CDU beginnt die Ära Kohl: Helmut Kohl wird Vorsitzender der CDU – Militärputsch in Chile: Der gewählte sozialliberale Präsident Salvador Allende wird ermordet, die Militärjunta unter General Augusto Pinochet beginnt Gewaltdiktatur – »Skylab 1«: Amerikas erste Raumstation im All – Ölkrise: Scheichs drehen den Ölhahn zu – Mit der TV-Serie »Ein Herz und eine Seele« erobert Ekel-Alfred die Fernsehzuschauer – Erste »Hamburger Kinotage« als Filmfestival der Programmkinos – Gestorben: Lex Barker, Noel Coward, John Ford, Willy Fritsch, Bruce Lee, Anna Magnani, Jean-Pierre Melville, Pablo Picasso:– Skandalfilme des Jahres: Marco Ferreri »Das großen Fressen«, Bernardo Bertolucci »Der letzte Tango in Paris«, – Programmkinohit: Herbert Ross „Mach`s noch einmal, Sam" – »filmkunst 66«-Hit: Jean Eustache »Die Mama und die Hure« – weitere Premieren: Sam Peckinpah »Pat Garrett jagt Billy the Kid«, Peter Bogdanovich »Papermoon«, Sam Peckinpah »Getaway«, Robert Altman »Der Tod kennt keine Wiederkehr".

# »Steelyard Blues« und die Kunst der Untertitel

Auf den Hamburger Kinotagen entdeckte ich einen Film, den der amerikanische Verleih trotz Starbesetzung mit Jane Fonda und Donald Sutherland nicht in die deutschen Kinos bringen wollte: »Steelyard Blues« – eine total ausgeflippte Aussteigerkomödie, die genau ins Revoluzzer-Image der Programmkinos passte. Auch Werner Grassmann, Chef des Verleihs der Programmkinos FiFiGe, wehrte den Film ab mit der Begründung, die AG Kino habe kein Geld für die Untertitel. Doch meinem Gegenargument, dass ich die Untertitel vorfinanzieren würde, konnte er sich nicht verschließen. Da hatte ich mir was eingebrockt.

Einen Monat später stand die amerikanische Originalkopie im Kino. Und auch das amerikanische Originaldrehbuch, dessen Nuschel-Slangsprache ich schon bei der ersten Ansicht des Films nur teilweise verstanden hatte und für die es auch in keinem Wörterbuch sinnvolle

Übersetzungsvorschläge gab, was nur meinen Verdacht bestätigte, dass Englisch und Amerikanisch in ihrer Aussprache zwei völlig verschiedene Sprachen sind. Ein Mark Twain zugeschriebenes Bonmot kommt zur gleichen Erkenntnis: England und USA sind zwei Staaten, getrennt durch die gleiche Sprache.

Verzweifelt zappelte ich im lingualen Spinnennetz tückischer Sprachfallen. Aber der richtige Härtetest kam erst noch, als ich am Schneidetisch jede einzelne Filmrolle Szenenausschnitt für Szenenausschnitt vorspulte, um adäquat zum Bild die deutschen Untertitel anzulegen. Die Texte waren zu lang, die Szenen zu kurz. Wo kürzen, wie anders formulieren, damit der Sinn und Gehalt des Films, seine Pointen erhalten bleiben. Scheint aber geklappt zu haben. »Steelyard Blues« traf mit seinem unkonventionell-schrägen Humor exakt den Nerv des Publikums.

Heute verfolge ich mit ganz anderen Augen und Ohren jeden mit Untertiteln versehenen Film, weil ich weiß, welch schöpferischer Akt dahintersteckt.

## Kurzinfo: Was 1974 sonst noch geschah

Willy Brandt tritt zurück, sein persönlicher Assistent Günter Guillaume wird als Ostspion entlarvt – In Portugal wird mit der friedlichen »Nelkenrevolution« die jahrelange Diktatur beendet – Die deutsche Fußballelf wird Weltmeister – Richard Nixon wird durch den Watergate-Skandal gestürzt – Hungertod des RAF-Terroristen Holger Meins im Gefängnis – Ermordung des Richters Günter von Drenkmann durch die RAF – Nach dem Ende der Militärdiktatur freie Wahlen in Griechenland – Die AG Kino gründet den Programmkino-Filmverleih »FiFiGe« – André Heller und Udo Lindenberg werden zu Stars – Gestorben: Walter Brennan, Gino Cervi, Pietro Germi, Vittorio de Sica – Skandalfilm des Jahres: Francis Girod »Trio Infernal« - Kinohit des Jahres: William Friedkin »Der Exorzist« - Programmkino-Hit: Rainer Werner Fassbinder »Angst essen Seele auf« - »filmkunst 66«-Hit: »Wet Dreams« – Weitere Premieren: Billy Wilder »Extrablatt«, Federico Fellini »Amarcord«, Roman Polanski »Chinatown«, Alan Myerson »Steelyard Blues«. Luis Bunuel »Der diskrete Charme der Bourgeoisie«, George Roy Hill »Der Clou«, Francis Ford Coppola »Der Dialog«, George Lucas »American Graffiti«, Alan J. Pakula »Zeuge einer Verschwörung«, Francois Truffaut »Die amerikanische Nacht«, Nicholas Roeg »Wenn die Gondeln Trauer tragen«.

# Filmgeschichte 8

## Kunst gegen Käse

Es lag nicht an meinem Abgang, dass das »Bellevue«-Kino 1974 geschlossen wurde. »Kunst gegen Käse« – so lautete die Schlagzeile in der Berliner »B.Z.«, als das Bellevue-Kino aufgrund einer unbezahlbaren Mieterhöhung in seiner Existenz bedroht war. »Aldi« wollte in den Kinobau einziehen. Als rettender Engel am Horizont tauchte das Kindertheater »Grips« auf, das auf Standortsuche war. Gemeinsam, so war die Überlegung, könne man die Miete tragen. Kindertheater, das nachmittags spielt, und Kino, das abends flimmert, ergänzt sich zeitlich ideal.

Dieser alle Interessen befriedigende Plan wurde schnell Makulatur. Denn die Konzeption des Grips-Theaters, die traditionelle Guckkastenbühne mitten in den Saal zu stellen, um das jugendliche Publikum besser ins Geschehen mit einbeziehen zu können, schloss einen Kinobetrieb aus.

Und so war es nicht der Käse, der die Kinokunst vertrieben hat, sondern das kulturell höher angesehene und mit Subventionen geförderte Theater, das die niedriger angesehene Kinokultur, die keine Subventionen erhält, verdrängte.

Auf diese kulturell wertvolle Weise verlor der Berliner Bezirk Tiergarten sein letztes Kino.

## Kurzinfo über Mieten

John Ford:
    »Es ist sinnlos, mit mir über Kunst zu reden. Ich mache Filme, um meine Miete zu bezahlen.«

# Kinogeschichte 9

## Mein Porno-Prozess

Es gibt Besucher, die sehe ich nicht so gern im Kino. Dazu zählen Staatsanwälte, seit mich einer vor Gericht schleifte und die Filmkopie von »Wet Dreams« wegen Pornografie beschlagnahmen ließ. Ich habe sofort den Verleiher angerufen und den Coproduzenten in seinem Berliner Büro. Krisensitzung beim Anwalt.

»Eigentlich könnte ich ja weiterspielen, wenn ich noch eine Filmkopie auftreiben könnte. Der Film ist ja nicht verboten, nur wegen Pornografieverdacht als Beweismittel beschlagnahmt.«

Der Produzent hatte noch eine Kopie im Keller. Also habe ich frech weitergespielt. Aber die Anzeige für die 2. Woche hätte ich besser doch nicht aufgeben sollen.

Am nächsten Freitag war die Polizei wieder da. Hat auch diese Kopie beschlagnahmt. Noch eine Kopie hatte der Produzent nicht im Keller. Mittlerweile hatte mein Anwalt auch die Anklageschrift erhalten. 24 Seiten dick.

Ich bewunderte den Staatsanwalt für sein tolles Gedächtnis. Er hat jede einzelne Episode des Episodenfilms detailgenau beschrieben.

»Der Staatsanwalt hat den Film ja auch zwei Mal gesehen«, klärte mein Anwalt auf.

»Woher wissen Sie denn das?«

»Der Anklageschrift waren ja auch zwei Eintrittskarten als Beweismittel beigefügt«, war die Antwort.

Der Film – ein Episodenfilm aus Realfilm, Slapstick, Komödie und Zeichentrickfilm namhafter Regisseure wie Dusan Makavejev, Nicholas Ray, Heathcote Williams – war keine Pornografie, was aber der Staatsanwalt mit dem bezeichnenden Namen Finder in seiner Anklageschrift herausgefunden hatte, war pure Pornografie.

Da wimmelte es nur von GVs, GTs und GGs, den juristischen Kürzeln von GV: Geschlechtsverkehr, GT: Geschlechtsteil und GG: Geschlechtsglied. Dabei beschrieb Herr Finder detailgetreu nicht nur, was er sah, sondern auch alles, was in seiner Fantasie zu erahnen war.

Nach einem halben Jahr kam es zum Prozess. Ich wurde freigesprochen. In seiner Urteilsbegründung wurde es der Richter nicht müde, zu betonen, dass der Pornografieparagraf eine in allen Richtungen deutbarer Gummiparagraf sei. Er und seine Schöffen seien der Auffassung, der Film sei keine Pornografie. Aber andere Menschen mit anderer Erziehung, anderem Denken und anderem Intellekt könnten durchaus anderer Auffassung sein.

Das nahm der Staatsanwalt zum Anlass, in die Revision zu gehen. In der Revisionsverhandlung bin ich wieder freigesprochen worden. Nächsten Freitag startete der Film neu. Mit der Werbezeile:

»Nach 9 Monaten Verbot ungekürzt ohne Schnitte freigegeben«.

Nach 8 Wochen habe ich »Wet Dreams« abgesetzt. Dank staatsanwaltlicher Werbung das beste Geschäft des Jahres. Der Mann kann wiederkommen. Kam er aber nicht. Stattdessen kam er auf die Berliner Filmfestspiele und hat den japanischen Berlinalebeitrag »Im Reich der Sinne« beschlagnahmt. Wegen Pornografie natürlich, was einen weltweiten Medien-Skandal auslöste.

Spätestens da hatte die Justizbehörde genug vom Tatendrang ihres eifrigen Beamten und hat ihn versetzt. Ganz weit weg. Wo er keinen Schaden anrichten konnte. In ein ganz kleines Städtchen. Wo es garantiert kein Kino gibt.


## Kurz-Info: Filmzitat über Sexualität

Ben Gazzara und Jeff Bridges in »The Big Lebowski« (1998):

»Die Menschen vergessen immer, dass Sex sich im Kopf abspielt, dass das Gehirn der größte Geschlechtsteil ist.« – »Bei dir vielleicht.«

# Kinogeschichte 10

## Ich dachte, ich wäre tot

Zu Beginn des Jahres 1974 bot mir eine junge Produzentin ihre erste Filmproduktion an, die ein junger Nachwuchsregisseur inszeniert hatte: »Ich dachte, ich wäre tot«. Sie hatte zwar den »Filmverlag der Autoren« als Filmverleih gefunden, doch dieser hat sich so sehr auf die Filme der Münchner Filmemacherszene konzentriert, dass ihm die Berliner Filmszene so fremd und exotisch erschien wie Filme aus Kambodscha oder Hindustan. Nicht Berlin, sondern München war damals die Hauptstadt des Jungen Deutschen Films. Während man in München schon auf professionellem 35-mm-Format filmte, drehten Berlins Nachwuchsregisseure noch auf dem billigen 16-mm-Format: Rosa von Praunheim »Die Bettwurst«, Lothar Lambert »Ex und Hopp«, Frank Ripploh »Taxi zum Klo« und Dani Levy »Du mich auch«. Filme, die im »filmkunst 66« zu Besucherhits wurden. Mit der Verleihempfehlung, sie sollte sich mal ein wagemutiges Kino in Berlin aussuchen, um die Erfolgschancen zu testen, wandte die Produzentin sich an mich.

Auch ich vermutete in dem kleinen Erstlingsfilm von einem unbekannten Regisseur mit unbekannten Darstellern nicht gerade den großen Kinohit, aber da mir die lockere, lebensnahe und humorvolle Machart des Films gefiel, der mit großem Einfühlungsvermögen und befreiender Spontanität die Fluchtversuche eines jungen Mädchens aus ihrem spießigen Elternhaus schilderte, wagte ich den Filmstart. Trotz guter Zeitungskritiken war der Kinobesuch in den ersten Tagen nicht überwältigend.

Aber als am Sonntagmorgen im Sender »Rias Berlin« um Viertel vor Zwölf Berlins Starkritiker Friedrich Luft in seiner unnachahmlichen Stakkato-Sprachakrobatik seine »Stimme der Kritik« zum überschwänglichen Lob des Films erhob, war das Kino abends ausverkauft. »Ich dachte, ich wäre tot« stand weitere sechs Wochen auf dem Programm. So viel zur Macht der Filmkritik, wenn sie denn von einer anerkannten Kritiker-Autorität mit zum Filmbesuch animierender

Ausdruckskraft vermittelt wird, die den Film mit dem Nimbus des »Muss man gesehen haben«-Anspruchs adelt.

Schon einmal hatte mir Friedrich Luft im Alleingang ein volles Kino beschert, für einen irischen Film, den er zwar eigentlich verrissen hatte, aber er hatte auch zugegeben, der Film sei so wunderschön traurig, dass man aus dem Weinen kaum heraus käme. Daraufhin stürmten Berlins Frauen, an vorderster Front Wilmersdorfer Witwen, in Kompaniestärke das Kino. Ein Kritiker wie Friedrich Luft fehlt uns heute leider.

Die Filmproduzentin übrigens war Regina Ziegler, der Regisseur Wolf Gremm. So begann im »filmkunst 66« die Karriere der Produzentin Regina Ziegler, die heute zu den erfolgreichsten Film- und Fernsehproduzenten Deutschlands zählt.

## Kurzinfo Regina Ziegler

Deutschlands erfolgreichste Filmproduzentin hat in ihren über 400 verschiedenen Filmen und Fernsehspielen gezeigt, wie man Erfolg mit Qualität, Kasse mit Anspruch verbinden kann. Schon für ihre erste Filmproduktion »Ich dachte, ich wäre tot«, von ihrem späteren Ehemann Wolf Gremm inszeniert, erhielt sie den Bundesfilmpreis, dem viele weitere Auszeichnungen folgen sollten, wie zuletzt der »Deutsche Film- und Fernsehpreis 2011« für ihre Serie »Weissensee« und der Bambi 2011 für »Der Mann mit dem Fagott«. Das New Yorker Museum of Modern Art (MoMa) widmete ihr 2006 eine Retrospektive. Ihre Produktionsfirma betreibt sie heute gemeinsam mit ihrer Tochter Tanja.

# Kinogeschichte 11

## Die 4 Musketiere der Filmkunst

In der heutigen Zeit, beim gegenwärtigen Konkurrenzdruck, ist es völlig unvorstellbar, dass sich unter den Kinokonkurrenten der gleichen Stadt echte Freundschaft entwickeln könnte. In den Pioniertagen der Programmkinos war dies noch möglich. Michael Weinert vom »Klick«, Gunter Rometsch vom »Notausgang«, Walter Pohli, der die »Kurbel« leitete, und ich fanden schnell zusammen. Zuerst nur beruflich, später auch privat. Gemeinsam gaben wir eine Programmzeitung heraus. Regelmäßig einmal in der Woche trafen wir uns nach Kassenschluss der täglichen Nachtvorstellung zum Mitternachts-Diner, wobei wir in unserem elitären Bewusstsein stets darauf achteten, dass das lukullische Niveau der Speisen und edlen Weine dem Niveau unserer Filmprogramme angepasst war. Wenn wir gut drauf waren, haben wir uns in einem unserer Kinos auch noch einen alten oder neuen Film angeschaut. In Anbetracht dieser Lebensgewohnheiten waren wir alle keine Frühaufsteher.

Guten Grund zum Feiern: Gunter W. Rometsch, Franz Stadler und Michael Weinert (von links).
Fotos: Will, BM

Anstatt uns die Filme gegenseitig wegzunehmen, was beim heutigen Konkurrenzdruck von rund 40 Programmkinos in Berlin unausweichlich ist, haben wir uns die Filme gegenseitig zugeschoben mit einem ausgeklügelten Roulette-System, das keinen benachteiligte und jedem Kino den Film vermittelt, der am besten zu dessen Image passte. Diese harmonische Idealversion eines fairen Miteinanders hat natürlich nur so lange funktioniert, wie wir konkurrenzlos unter uns waren.

Unvergesslicher Höhepunkt unseres gemeinsamen Treibens war unsere Irlandreise: im Mietauto einmal rund um die grüne Insel. So schön und erlebnisreich diese »On the Road-Tour« auch war, für Walter leitete sie den zeitweisen Verlust seines Führerscheins ein. Zurück in Berlin trafen wir uns zur nächtlichen Nachbereitung unserer Irland-Tour und Walter fuhr, in jeder Beziehung noch völlig im Irland-Rausch, so wie er es 14 Tage lang gewohnt war, auf der linken Fahrerseite nach Hause: zur falschen Zeit auf der falschen Seite im falschen Land.


## Kurzinfo: Was 1975 sonst noch geschah

Der Westberliner CDU-Politiker Peter Lorenz wird von der RAF entführt – In Stammheim beginnt der Prozess gegen die inhaftierte RAF-Führung – Mit einer Geiselnahme in der Deutschen Botschaft Stockholms versuchen Terroristen die Baader-Meinhof-Gruppe frei zu pressen – Zypern ist endgültig in einen türkischen und griechischen Landesteil aufgespalten – Nach dem Ende der Militärdiktatur kehrt Griechenland zur Demokratie zurück - Mit der Kapitulation Saigons und dem Abzug der letzten US-Truppen ist der Vietnamkrieg endgültig beendet – Rendezvous im Weltraum zwischen amerikanischen Astronauten und russischen Kosmonauten – Bürgerkrieg im Libanon zwischen christlichen und moslemischen Parteien – Nach dem Tod Francos überführt König Juan Carlos Spanien in die Demokratie – Erste Talkshow im Deutschen Fernsehen – Gestorben: Therese Giese, Susan Hayward, Bernhard Herrmann, Fredric March, Pier Paolo Pasolini – Kinohits des Jahres: Spielberg »Der weiße Hai«, Francis-Ford Coppola »Der Pate II«, Programmkino-Hit: Ingmar Bergman »Szenen einer Ehe« - »filmkunst 66«-Hit: Hal Ashby »Harold und Maude« .- Weitere Premieren: Luis Bunuel »Das Gespenst der Freiheit«, Liliana Cavani »Der Nachtportier", Volker Schlöndorff »Die Ehre der Katharina Blum«, Alejandro Jodorowsky »El Topo«.

# Kinogeschichte 12

## Harold & Maude und die Folgen

Wie intim Kinotakte im »filmkunst 66« ausfallen können, darüber klärte mich eines Tages einer meiner treuesten Kinogäste auf, Stammgast seit meinem ersten großen Filmhit »Harold und Maude« im Jahr 1974. Diesmal kam er ohne Frau, aber mit Sohn.

»Das ist mein Sohn Harold. Ist heute 12 Jahre alt geworden. Der kommt jetzt öfter«, stellte er vor.

»Guten Tag, Harald«, begrüßte ich ihn.

»Nein, nicht Harald, Harold heißt er, wie Harold und Maude«, werde ich verbessert und mit einer überraschenden Namensbegründung konfrontiert:

»Heute kann ich es ja erzählen. »Harold und Maude« ist schuld an Harold. Wir haben uns den Film damals doch fast jeden Tag angesehen, ich weiß gar nicht mehr wie oft. Und einmal hat uns die Bettszene so angetörnt, dass wir heimlich, still und leise zusammen auf die Toilette sind. Und dort ist Harold entstanden.«

»Auf dieser engen Toilette?«

»Ging wunderbar. Sollten Sie auch mal versuchen!«

Ich habe seinen Ratschlag nie ausprobiert. Aber seitdem weiß ich, im »filmkunst 66« ist der Besuchernachwuchs noch hausgemacht.

Es muss ja nicht unbedingt in Boris Beckers Besenkammer sein.


**Kurzinfo: Filmzitat über Sex und Gelegenheit**
Billy Crystal in »City Slickers« (1991):
»Frauen brauchen einen Grund, um Sex zu haben. Männer brauchen nur Platz.«

# Kinogeschichte 13

# Das goldene Zeitalter

»Das goldene Zeitalter« heißt ein Bunuel-Klassiker, der das bürgerliche Kunstverständnis subversiv attackierte. Unser »Goldenes Zeitalter« war die Periode jener frühen Jahre, als wir mit jeder filmischen Ausgrabung cinéastisches Neuland betraten und das bürgerliche Verständnis von Filmkunst untergruben: mit Marx Brothers und Laurel & Hardy, Humphrey Bogart und Karl Valentin, Howard Hawks und Alfred Hitchcock, Billy Wilder und Heinz Ehrhard.

Es war eine Zeit, in der unserem kreativen Entdeckergeist keine Grenzen gesetzt waren. Unbehelligt von jeglicher Konkurrenz konnte jedes unserer Kinos mit seiner exquisiten Filmauswahl sein ureigenes, unverwechselbares Programmprofil entwickeln. Wer einen ganz bestimmten Film sehen wollte, musste quer durch die Stadt in unsere Kinos fahren. Denn diese Filme liefen nur in den vier Programmkinos Berlins. Es gab noch keine tägliche Filmflut auf den privaten Fernsehkanälen, es gab kein Video und keine DVDs, keine Filme im Internet.

Der Umbruch in der Medienlandschaft veränderte die Besuchergewohnheiten und bedeutete das Ende des Repertoireprogramms, einst tragende Spielplansäule des klassischen Programmkinos. Wer schaut sich heute noch Filmklassiker im Kino an, wenn diese in der schönen Regelmäßigkeit jährlicher Wiederholung auf einem der 40 – 50 Fernsehkanäle laufen oder diese als DVD im Wohnzimmerregal aneinander gereiht sind, dort, wo früher die Bücher standen. Wer damals Filme sehen wollte, musste sich schon ins Kino bemühen. Anfangs nannten wir uns »Off-Ku'damm-Kinos«, was nicht nur unsere Kinolage jenseits des Kurfürstendamms meinte, sondern auch unsere Programmausrichtung jenseits des Mainstreams. Aus den »Off-Ku'damm«-Kinos wurden die Programmkinos und heute, nachdem wir durch das Filmangebot der Neuen Medien unsere klassische Programmidentität verloren haben, die Arthouse-Kinos, wie es auf neudeutsch heißt.

Die effektivsten Möglichkeiten, um einen Film publik zu machen, lagen in der Hand der Kinobesitzer: Pressebearbeitung und Anzeigengestaltung. Freundschaftlich der schreibenden Kritikergarde verbunden, luden wir die Kritiker handverlesen zu Pressevorstellungen, jeweils den passend zum Film auserwählten Kritiker, bis mir der damalige »Tagesspiegel«-Filmfeuilletonchef das Handwerk legte, in dem er in überdeutlicher Bestimmtheit klar machte, dass nicht ich, sondern immer noch er bestimmt, wer im »Tagesspiegel« über welche Filme schreibt.

Heute liegt die Organisation der Pressevorstellungen in der Hand der Verleiher ebenso wie die Aufgabe der Anzeigen, ohne dass ein Kinobesitzer auf das Was, Wie und Wo Einfluss nehmen könnte. Die kreative Maßnahme des Kinobesitzers beschränkt sich darauf, seine Anfangszeiten anzugeben. Wenn ich heute das sterile und einfallslose Filmanzeigeneinerlei betrachte, stellte ich fest, dass die alles gleichschaltende Professionalisierung der Branche nicht immer zum Vorteil gereicht.

Die Anzeigenratschläge der Filmverleiher meist verachtend, tobte sich unsere Kreativität in oft stundenlangem Brainstorming bei der Anzeigengestaltung aus, um durch auffallende Originalität von Grafik und Text aus der Filmanzeigenwüste herauszuragen. So gelang es manches Mal, allein durch unsere Anzeigen, Filmen zum Erfolg zu verhelfen, die in den Ku'damm-Kinos gefloppt waren.

Das erfolgreichste Beispiel für die Revival-Methode der zweiten Chance war »Time Bandits«, bei dessen Vermarktung der Verleih nur auf die Stars gesetzt und Monty Python als Filmschöpfer verschwiegen hatte. Mit einer diese Informationsdefizite deutlich korrigierenden Anzeige, die den Fantasy-Charakter, die Zeitreise-Thematik und den Monty Python-Hintergrund herausstellte, wurde der Flop zum Hit und lockte allein am Tag des Neustarts bei hochsommerlichen 27 Grad über 500 Besucher ins »filmkunst 66«; Besucherzahlen, von denen heutzutage Kinobesitzer in Zeiten sommerlicher Kinoabstinenz nur noch träumen können.

In der glattpolierten Hochglanzwerbewelt von heute sind leider individuelle Werbealleingänge vom Grundprinzip der Gleichschaltung her ausgeschlossen.

# Kurzinfo:

## Kultstars der Programmkinos und ihre coolsten Sprüche

### Humprey Bogart

Mary Astor: »Ich habe dich vom ersten Augenblick an geliebt.«
Humphrey Bogart: »Du hast meinen Partner Miles umgelegt, und dafür musst du zahlen. Wenn du Glück hast, kommst du nach 20 Jahren wieder raus und dann kannst du mir das alles noch mal erzählen. Wenn sie dich aber aufhängen, werde ich stets deiner gedenken.«

### Woody Allen in »Der Stadtneurotiker«:

»Die Ehe hat den Vorteil, zu zweit mit Problemen fertig zu werden, die man allein nicht hatte.«

»Der Mensch hat zwei Teile: Das Hirn und der Körper. Aber der Körper macht mehr Spaß.«

### Groucho Marx:

»Der Müllmann ist da. Sag ihm, wir brauchen nichts.«
»Roomservice! Schicken Sie ein größeres Zimmer hoch.«
»Ich möchte nie einem Club angehören, der mich als Mitglied aufnimmt.«

### Karl Valentin:

Wärter.« Sie sind unschuldig.« – Valentin: »Warum?«
(Der Sonderling)
Liesl Karstadt.« Arbeit macht Spaß.« – Valentin: »Ich vertrag aber keinen Spaß.« (Donner, Blitz und Sonnenschein)

### Laurel & Hardy:

Stan:« Meine Frau sagt, ich denke mehr an dich als an sie.« – Ollie: »Wir wollen das nicht weiter vertiefen.« (Their First Mistake)
Laurel & Hardy betteln. Ollie: »Wir haben seit drei Tagen nichts gegessen.« – Stan: »Ja, gestern, heute und morgen.« (One Good Turn)

### Mae West:

»Elf. Sie sind elf, meine Herren. Das ist einer zu viel für eine Nacht. Einer muss gehen.« (Go West Young Man)
»Komisch, jeder Mann will mich schützen. Ich weiß nicht, wovor.«

# Kinogeschichte 14

# 3D im Programmkino

Mitte der 70er Jahre gab es in den Programmkinos ein kleines, aber folgenloses 3D-Revival mit zwei Horror- und Science Fiction-Klassikern des Regisseurs Jack Arnold: »Der Schrecken vom Amazonas« und »Gefahr aus dem Weltall«: Es waren Schwarzweißfilme, zu betrachten mit einer Rot-Grünbrille. Auf der Leinwand erscheinen seitlich verschoben zwei identische, jeweils in die Farben Rot und Grün getauchte Kinobilder, die die unterschiedlichen Perspektiven des menschlichen Augenabstandes simulieren und somit den räumlichen Bildeindruck ermöglichen. Die verschiedenen Farbgebungen der Brille sind der Trick, um jeweils ein Farbbild im Auge des Betrachters verschwinden zu lassen, sodass jedes Auge nur das ihm zugeordnete Bild sieht. Die unterschiedlichen Blickwinkel bewirken den dreidimensionalen Eindruck zum Greifen naher Bilder. Der 3D-Effekt ist besonders effektiv, wenn Gegenstände ins Publikum geschleudert wurden, weshalb oft völlig grundlos Bälle, Steine und Pfeile von der Leinwand in den Saal fliegen.

Der Trick der Rot-Grünbrille funktioniert natürlich nicht beim Farbfilm. Beim perfektionierten digitalen 3D-Kino von heute werden die Bilder in unterschiedlichen Wellenlängen projiziert. Die Trennung der beiden Bilder fürs menschliche Auge erfolgt durch Interferenzfilter in der 3D-Brille. In einem anderen 3D-System mit Polarisationsbrillen erfolgt die Trennung der beiden Bilder durch waagerechte und senkrechte Filmausstrahlung.

Ist 3D die Rettung und Zukunft des Kinos? Ich habe da meine Zweifel. Nicht ohne Grund sind die meisten 3D-Filme Animationsfilme. Beim Realfilm wirken die menschlichen Darsteller im Blick durch die 3D-Brille wie Spielzeugfiguren in einem Puppenhaus, in dem Menschen und Gegenstände in verschiedenen Abständen hintereinander gestaffelt erscheinen wie die aufklappbaren Figuren einer Bildcollage.

So wirkt seltsamerweise das 3D-Kino, das der zweidimensionalen Kinosichtweise den natürlichen dreidimensionalen Blick hinzufügt, künstlicher und weniger real als das herkömmliche 2D-Kino. Wenn 3D als Filmkunst wirklich ernst genommen wird, erfordert die neue dreidimensionale Raumdimension und ihre gehobenen Ansprüche an unsere visuelle Wahrnehmungsfähigkeit eine völlig neue Erzähldramaturgie, in der die Dreidimensionalität nicht nur zusätzlicher Effekt ist, sondern dem Film auch eine eigene künstlerische und emotionale Ebene verleiht.

**Kurzinfo: Was 1976 sonst noch geschah**
Anschnallen im Auto wird Bürgerpflicht – Rassenunruhen in Südafrika: Die Rebellion Jugendlicher in Soweto wird blutig niedergeschlagen – Eine Wolke giftiger Chemikalien vergiftet die italienische Gemeinde Seveso – Geiselbefreiung in Entebbe: Ein israelisches Sonderkommando befreit in Uganda Passagiere und Besatzung eines von israelischen und deutschen Terroristen entführten Flugzeugs – Demonstration gegen das Atomkraftwerk Brokdorf – Jimmy Carter wird US-Präsident – In Berlin wird das erste Frauenhaus für misshandelte Frauen eröffnet – Verstorben: Howard Hughes, Fritz Lang, George Cukor, Carol Reed, Luchino Visconti, Mao Tse-tung – Beschlagnahme des Films »Im Reich der Sinne« auf den Berliner Filmfestspielen wegen Pornografieverdachts – Filmhit des Jahres: Ted Kotcheff »Rocky« - Programmkino-Hit: Wim Wenders »Im Lauf der Zeit«, - »filmkunst 66«-Hit: Francois Truffaut »Die Geschichte der Adèle H« - Weitere Premieren: Brian de Palma »Die Unbestechlichen«, Martin Scorsese »Taxi Driver«, Milos Forman »Einer flog über das Kuckucksnest«, Monty Python »Die Ritter der Kokosnuss«, Stanley Kubrick »Barry Lyndon«, Pier Paolo Pasolini »Die 120 Tage von Salo«.

# Kultfilm »Hellzapoppin«

»Easy Rider« und »Casablanca«, »Blues Brothers« und »The Rocky Horror Picture Show«, »Die Feuerzangenbowle« und »Monty Pythons Leben des Brian« sind Kultfilme für Generationen von Kinogängern, die sie immer wieder sehen wollen. Mitte der 70er Jahre hatte das »filmkunst 66« seinen eigenen Kultfilm kreiert: »Hellzapoppin« oder in der sehr freien deutschen Titelübersetzung »In der Hölle ist der Teufel los«. »Hellzapoppin« habe ich bei der Vorbereitung eines Komödienfestivals in einem englischen Standardbuch über die Filmkomödie entdeckt. Unter Filmkennern gilt »Hellzapoppin« als die gagreichste Komödie der Filmgeschichte, aus der Generationen von Drehbuchautoren ihre Gags geklaut haben.

»Hellzapoppin« ist eine Film-im-Film-Komödie über einen Film, der gerade gedreht wird. Und was der Regisseur plant, sieht man dann auch gleich, bis Film und Wirklichkeit nicht mehr auseinanderzuhalten sind. In der irrwitzigsten Szene des Films beginnen die Darsteller einen Disput mit dem Filmvorführer, weil der Bildstrich nicht stimmt. In dem sich hemmungslos ausufernden Streit gerät dann alles durcheinander, bis Indianer und Westernhelden das Bildgeschehen aufmischen. Wenn alles möglich ist, sagte ich mir, dann kann ich das noch vervollkommnen, und schnitt aus einem Films des Seniorenprogramms eine Gesangszene von Zarah Leander dazwischen: »Ich stehe im Regen und warte ...«. Das Publikum wusste nun gar nicht mehr, was geschah, und johlte vor Vergnügen.

»Hellzapoppin« lief über ein Jahr für ein treues wie begeistertes Publikum sonnabends im Spätprogramm. Um den Stammgästen, die jeden Sonnabend kamen, etwas Neues zu bieten, worauf sie sich freuen konnten, schnitt ich dann nach einem halben Jahr jeweils eine andere überhaupt nicht passende Filmszene aus einem meiner anderen Spätprogramme dazwischen, sodass die Besucher schon beim Lösen der Eintrittskarte an der Kasse fragten: »Was habt ihr denn heute dazwischengeschnitten?«

Nach einem Jahr habe ich den Film abgesetzt. Zu früh. »Hellzapoppin« lief noch sieben Jahre lang regelmäßig Sonnabendnachts im kleineren »Klick«-Kino weiter.

Die »Hellzapoppin«-Komikerentdeckung: Ole Olsen & Chic Johnson

**Kurzinfo: Filmzitat über Kinoverrückte**
Zazie zu Philippe Noiret in »Zazie« (1960):
   »Sag mal, Onkel. Wenn ihr so daher redet, seid ihr so blöd oder tut ihr nur so?«

# Kinogeschichte 16

## Heilich Abend im Kino

Der einzige Abend, an dem alle Kinos in Deutschland geschlossen sind, ist der 24.12. Das »filmkunst 66« hat schon so viele Kinotraditionen gebrochen, da wurde es Zeit, auch dieses Tabu zu verletzen. Am Nachmittag gab es noch Kindervorstellungen in vielen Kinos, damit die Kids aus dem Haus waren für die ungestörte Vorbereitung des festlichen Bescherungsaktes. Aber dann war Schluss mit lustig. Das habe ich 1977 geändert.

Unter dem Titel »Heilich Abend in Kino« hatte ich ein Kontrastprogramm zur festlichen Langeweile in den deutschen Heimen zusammengestellt: Slapsticks von Chaplin, Buster Keaton und Laurel & Hardy, Zeichentrickfilme mit Donald Duck, Tom + Jerry, Bugs Bunny & Daffy Duck und eine Komödie als Überraschungsfilm – 5 Stunden Non-Stop-Lachgarantie. Die Vorstellung war auf Anhieb ausverkauft und dies viele Jahre lang. Wenn wir gedacht hatten, es kämen nur die Einsamen, die Berufsatheisten und die notorischen Einzelgänger, dann hatten wir uns sehr getäuscht. Es erschienen Paare, Freundinnen und Freunde jeden Alters, komplette Familien vom Uropa bis zum Urenkel. Sie wussten nicht, was sie sehen würden. Sie wussten nur eins, dass sie einen sehr unterhaltsamen und lustigen Abend jenseits aller öden Festgewohnheiten erleben würden.

Jahrzehnte später war auch diese neue Kinotradition überholt. Andere Kinos planten andere Filmaktivitäten am gleichen Abend. Damit war der Alleinvertretungsanspruch alternativer weihnachtlicher Kinoabende verloren. Und wenn dann statt 400 nur noch 100 Besucher im Saal saßen, war auch nicht mehr die tolle Stimmung gegeben, die das weihnachtliche Filmerlebnis so einmalig erscheinen ließ. Ich gab »Heilich Abend im Kino« auf und wendete das gleiche Rezept in leicht veränderter Form auf die Programmgestaltung eines anderen kinofreien Abends an: Silvester.

Und wieder ging das Rezept auf im neuen Kino mit der »Funny Sylvester Night«. Dabei waren wir so kühn, nicht nur für das filmische, sondern in der Pause auch für das leibliche Wohl zu sorgen, wobei das Essenfassen im allgemeinen Gedränge so sehr zum Zeitproblem wurde, dass dank unserer Unerfahrenheit des ersten Mals die eingeplante halbe Stunde Pause nicht ausreichte, auch das Essen nicht, um die ausgehungerte Besuchermeute, deren Anstehgeduld nach spätestens einer Stunde ausgereizt war, mit Essbarem zufrieden zu stellen. Auch wenn wir am nächsten Tag selbst nichts mehr zu essen hatten, haben wir alle Essensvorräte in unserer Wohnung leer geplündert, um die hungrigen Mäuler irgendwie und irgendwann zu stopfen.

Mit Verspätung konnte dann die vormitternächtliche Premiere der neuen Filmkomödie beginnen, die als Überraschungsfilm angekündigt war: die hieß »Alles auf Zucker« und hat alle Besucher zum Mitternachtssekt wieder versöhnt.

### Kurzinfo: was 1977 sonst noch geschah

Terrorismus in Deutschland: Generalbundesanwalt Siegfried Buback und der Vorstandschef der Dresdner Bank Erich Ponto werden ermordet – Die deutsche Spezialeinheit »GSG 9« stürmt in Mogadischu einen von Terroristen entführten Lufthansa-Jet und befreit alle Geiseln unverletzt – Die Top-Terroristen Andreas Baader, Gudrun Ensslin und Jan-Carl Raspe begehen im Gefängnis Stammheim Selbstmord – Der von der RAF entführte Arbeitgeberpräsident Hans Martin Schleyer wird ermordet – Erste freie Wahlen in Spanien – Flugzeugkatastrophe auf Teneriffa: 575 Tote – Erstes Sonnenkraftwerk in Frankreich – Günter Wallraff als Undercover-Agent bei der »Bild«-Zeitung – Gestorben: Elvis Presley, Charlie Chaplin, Henri-Georges Clouzot, Bing Crosby, Peter Finch, Howard Hawks, Groucho Marx, Roberto Rossellini – Kinohit des Jahres: Brian de Palma »Carrie« - Programmkino-Hit: Wim Wenders »Der amerikanische Freund« - »filmkunst 66«-Hit: Coline Serreau »Warum nicht!« – Weitere Premieren: Woody Allen »Der Stadtneurotiker«, John Cassavetes »Die erste Vorstellung«, Monty Python »Jabberwocky«, Rainer Werner Fassbinder »Despair – Eine Reise ans Licht«, Bernardo Bertolucci »1900«, »Fellinis Casanova«, Sidney Lumet »Network«, John Schlesinger »Der Marathonmann«.

# Kinogeschichte 17

## Terroristenjagd im »filmkunst 66«

Es war in jenem Wilden Herbst des Jahres 1978, als ein Convoy grüner Minnas lautlos ohne das übliche Tatütata das Kinogebäude umzingelte. Eine halbe Hundertschaft ging hinter den Autos in Bereitschaft und sperrte die Straße nach allen Seiten ab. Ein Augenzeuge wollte einen gesuchten Terroristen im Kino gesehen haben. Zuerst wurde das nebenliegende, verwilderte Grundstück abgesucht. Vergeblich. Das gesamte Kinofoyer wurde geräumt, die Kinokasse geschlossen. Nur der Filmvorführer durfte hinter der verschlossenen Tür des Vorführraums verweilen. Vor jedem Ausgang postierten sich Polizeibeamte in Zivil mit Schusswaffen in Anschlag und kugelsicheren Westen. Als das Filmende nahte, wurde es spannend wie in einem Krimi. Das Wort Ende erschien auf der Leinwand. Während der Titelnachspann abrollte, machte der Vorführer nicht wie sonst das dezente Dialicht an, sondern wie abgesprochen die volle Beleuchtung. An jedem Kinoausgang wurde nur eine der beiden Schwingtüren geöffnet, damit die Besucher einzeln den Saal verlassen mussten. Nacheinander drängten die Besucher aus dem Saal und wunderten sich über den Andrang starker Männer, die den nachfolgenden Frauenfilm sehen wollte. Doch der gesuchte Terrorist befand sich nicht unter den Besuchern. Die Polizei durchsuchte vorsichtig den ganzen Saal, blickte hinter den Kinovorhang und hinter die Leinwand. Kein Terrorist zu sehen.

Noch den ganzen Abend über suchte die Polizei die ganze Umgebung ab. Vergeblich. Ich weiß nicht, ob ein Terrorist das »filmkunst 66« an jedem Tag besucht hat. Vielleicht hat er sich auch im Kinodunkel verborgen und ist durch einen Notausgang über das Nachbargrundstück geflohen, bevor die Polizei anrückte.

Vielleicht war die ganze Polizeiaktion auch nur ein typischer Ausdruck der Terrorismushysterie, der die Bundesrepublik damals verunsicherte.

## Kurz-Info: Was 1978 sonst noch geschah

Linker Terror in Italien: Ministerpräsident Aldo Moro wird von den »Roten Brigaden« ermordet - Die »Käfer«-Ära geht zu Ende: Der VW-Golf verdrängt nach 50 Erfolgsjahren das »Käfer«-Modell – Ölpest vor Frankreichs Küste – Erstes künstlich gezeugtes Retortenbaby geboren – Johannes Paul II wird Papst – Auf Jimmy Carters Landsitz Camp David unterzeichnen Ägyptens Staatschef Sadat und Israels Ministerpräsident Begin Friedensvertrag für den Nahen Osten – Mit dem Sturz der Roten Khmer endet die Schreckensherrschaft in Kambodscha – Proteste im Iran gegen das autoritäre Schah-Regime – Messner besteigt den Mount Everest – Gestorben: Charles Boyer, O.E.Hasse, Oscar Homolka, Jack Warner, Johannes Paul I – Kinohit des Jahres: George Lucas »Krieg der Sterne« - Programmkino-Hit: Reinhard Hauff »Messer im Kopf« – »filmkunst 66«-Hit: Adolf Winkelmann »Die Abfahrer« – weitere Premieren: Werner Herzog »Nosferatu«, Ingmar Bergman »Herbstsonate«, Claude Goretta »Die Spitzenklöpplerin«, David Lynch »Eraserhead«, Luis Bunuel »Dieses obskure Objekt der Begierde«, Milos Forman »Hair«.

# Kinogeschichte 18

## Gerd Fröbe und die falsche Kinoschlange

Mein Kritikerfreund Hans-Ulrich Pönack, der damals für den »tip« schrieb, heute im Sat 1-Frühstücksfernsehen mit dem ihm eigenen Temperament neue Kinofilme lobt oder verdammt, wobei er auch schon mal zur Verdeutlichung ärgerlichen Filmschrott mit dem Beil zerhackstückt, hatte mich mit einer Pressekarte eingeladen zu einem Gerd Fröbe-Gastspiel, der mit seinem Programmsolo »Durch Zufall frei« quer durch Deutschland tourte. Es war ein unvergesslicher Theaterabend, diesen Vollblutmimen aus nächster Nähe zu erleben. Als wir uns auf dem Rückweg dem Kino näherten, sah ich schon von weitem eine endlos lange Schlange vor dem Kino stehen. Ich liebe Kinoschlangen. Aber um diese Zeit? Eine Stunde vor Beginn der Spätvorstellung? Was hatte ich denn da terminiert?

Kinoschlangen sind dafür da, dass die Kinobesucher Kinokarten kaufen und ihr Geld im Kino lassen. An diesem Abend war es umgekehrt. Die Kinoschlange stand da, um sich das Eintrittsgeld zurückzahlen zu lassen. Der schlimmste Kinosupergau war eingetreten: Die Vorstellung war wegen Projektorstreiks ausgefallen. Getriebeschaden des Schmalfilmprojektors, auf dem »Das Ende des Regenbogens« vorgeführt wurde. Abkassieren geht schnell, aber Geld zurückgeben – das dauert. Nicht, weil wir das so ungern tun, sondern weil spätestens nach dem 20. Besucher der gesamte Wechselgeldvorrat aufgebraucht ist. Es waren aber 200 Besucher im Saal. Bisher war es nur ein einziges Mal passiert, dass eine Vorstellung ausfiel, an jenem Abend, als vor Jahren der ganze Bezirk Charlottenburg in das nächtliche Dunkel eines Stromausfalls getaucht war. Und da dies fünf Minuten vor dem Ende des Films geschehen war, hatte ich den enttäuschten Zuschauern den Schluss erzählen können. Aber in diesem Fall, da der Film noch eine Stunde dauerte, fühlte ich mich rhetorisch und schauspielerisch überfordert, die restliche Filmhandlung zu erläutern.

Gerd Fröbe hätte das gekonnt.

## Kurz-Info: Was 1979 sonst noch geschah

Sieg der »Eisernen Lady« Margaret Thatcher in England – Sandinisten verjagen den Somoza-Clan in Nicaragua – Sowjets marschieren in Afghanistan ein – Ajatollah Khomeini kehrt aus dem Exil in den Iran zurück und errichtet einen islamischen Gottesstaat – Saddam Hussein kommt im Irak an die Macht – Mit einem Heißluftballon gelingt DDR-Flucht – Reaktorunfall im amerikanischen Atomkraftwerk »Three Miles« – Kunst aus der Sprühdose: die Graffiti-Kultur entsteht – Gestorben: Mary Pickford, Nicholas Ray, Jean Renoir, Jean Seberg, John Wayne – Kinohit des Jahres: Richard Donner »Superman«, Deutscher Kinohit: Volker Schlöndorff »Die Blechtrommel« - Programmkinohit: »The Rocky Horror Picture Show« - »filmkunst 66«-Hit: Uwe Friesner »Das Ende des Regenbogens« - weitere Premieren: Woody Allen »Manhattan«, Francis Ford Coppola »Apocalypse Now«, Rainer Werner Fassbinder »Die Ehe der Maria Braun«, Edouard Molinaro »Ein Käfig voller Narren«, Andrej Tarkowskij »Stalker«, Ridley Scott »Alien«, Bryan Singer »Die üblichen Verdächtigen«.

# Kinogeschichte 19

## Original oder Fälschung

Für den echten Cinéasten ist es eine Grundsatzfrage, alle Filme in der ausländischen Originalfassung zu sehen. Da mag die Synchronisation noch so gelungen sein, die deutschen Stimmen dem Timbre der Originalstimmen noch so nahe kommen, der Film wird verfälscht.

Für die Programmkinos der frühen Phase war es eine Selbstverständlichkeit, alle Filme in untertitelter Originalfassung zu zeigen. Allein schon deshalb, weil sich die chronisch unterfinanzierten unabhängigen Kleinverleiher der Filmkunstware eine teure Synchronisation gar nicht leisten konnten.

Heute hat sich das ins Gegenteil verkehrt. Die Kinoauswertung ist nur ein Teil der möglichen Refinanzierung, um die hohen Herausbringungskosten eines Films (Lizenzkosten, Kopienziehen, Reklame- und Werbekosten) gewinnbringend wieder hereinzubekommen. Wenn ein Film im Kino floppt, kann er sich immer noch durch Videoauswertung und Fernsehverkäufe amortisieren. Denn in dieser zeitlichen Reihenfolge verläuft die Auswertung eines jeden Films: Kinostart, Videoverkauf- und Verleih, Fernsehausstrahlung. Für die Video- und Fernsehverwertung ist Synchronisation Grundvoraussetzung. Denn der Durchschnittsdeutsche mag nicht die geistige Mühe des Lesens von Untertiteln auf sich nehmen. Und da die Synchronisation schon so viel Geld gekostet hat, können sich heute die kleinen Verleiher Filmkopien mit Untertiteln zusätzlich nicht mehr leisten.

In den großen Städten mit internationalen Publikum wie Berlin, Hamburg und München haben sich einzelne Kinos und auch Multiplexe in einzelnen Sälen erfolgreich darauf spezialisiert, nur Originalfassungen – mit und ohne deutsche Untertitel – zu zeigen.

Was einst aus purer Not geschah, ist heute ein lukratives Geschäft geworden für die Kinos, die sich darauf spezialisiert haben, sich die wenigen Originalkopien zu sichern und ihre Programmnische elitär gegen jegliche Fremdsprachenkonkurrenz zu behaupten. Und so haben Originalfassungen im »filmkunst 66«, das einst damit angefangen hatte, heute Seltenheitswert.

**Kurzinfo über Original und Fälschung**
Humphrey Bogart zu Ingrid Bergman in »Casablanca« (1943):
»Schau mir in die Augen, Kleines.«
(Deutsche Synchronfassung)
»Here's looking at you, kid.«
(Amerikanische Originalfassung)

# Kinogeschichte 20

## Die Berlinale im »filmkunst 66«: die Panorama-Reihe

1981 Jahre wurde das »filmkunst 66« mit der »Panorama«-Sektion Berlinale-Kino. Bei täglich vier mehr oder weniger ausverkauften Vorstellungen konnte ich das Kino kaum verlassen. Jetzt kamen die Stars und Regisseure zu mir ins Kino: Jim Jarmush, Liv Ullmann, Pedro Almodóvar, Vanessa Redgrave, Jack Nicholson, um nur die bekanntesten Namen zu zitieren. Auch alle meine Kinokollegen kamen zu mir. Panorama-Chef Manfred Salzgeber richtete seinen Programmschwerpunkt nicht nur auf schwul-lesbisches Kino aus, sondern auch auf interessante Filme fürs Programmkino. So wurde das »filmkunst 66« zum Treffpunkt aller Programmkinokollegen, was zwischen den Vorstellungen zu ebenso unterhaltsamen wie köstlichen Essensrunden in den benachbarten Lokalitäten ausuferte. Zum Filmgucken in den anderen Festivalsektionen kam ich nicht. Doch meine Kollegen versicherten mir, ich habe nicht viel versäumt. Die fürs Programmkino interessantesten Filme laufen in der Panorama-Sektion.

Hauptstress jeden Einlasses war es, den vielsprachigen Chor all jener Festivalgäste zu beruhigen, denen angesichts eines ausverkauften Kinosaales der Eintritt verwehrt wurde, was sie in Stadien totaler Verzweiflung trieb, als hinge ihr restliches Lebensglück von der Besichtigung dieses einen Films ab. Aber meistens konnten wir ihr Lebensglück retten, da im restlos ausverkauften Saal stets 10 bis 20 Plätze frei geblieben waren. Ein ehernes Filmfestival-Gesetz lautet: Nicht alle Karteninhaber sehen sich auch die Filme an, für die sie Karten besorgt haben.

Auch Dieter Kosslick kam so in die Gnade des kartenlosen Eintrittes. Und als nun amtierender Berlinale-Chef revanchierte er sich Jahre später mit der Überreichung der Berlinale Kamera an Rosemarie und mich als Abschiedsgeschenk.

# Kurzinfo: Was 1981 sonst noch geschah

König Juan Carlos verhindert Militärputsch in Spanien – Attentat auf Richard Nixon – Erster Schimanski-»Tatort« – Attentat auf den Papst – Prince Charles heiratet Lady Diana – West- und ostdeutsches Gipfeltreffen in Werbellinsee zwischen Schmidt und Honecker – Erste Aids-Fälle in Deutschland – Das Tanztheater von Pina Bausch macht Furore – Das Geduldspiel »Zauberwürfel« wird zum Spiel des Jahres, der »Walkman« zum Kopfhörerhit – US-Serienerfolg: Deutschland erliegt dem »Dallas«-Fieber – Gestorben: William Holden, Paul Hörbiger, Zarah Leander, Glauber Rocha, William Wyler, Nathalie Wood – Kinohit des Jahres: Steven Spielberg »Jäger des verlorenen Schatzes« Deutscher Kinohit: Wolfgang Petersen »Das Boot« – Programmkino-Hit: Werner Herzog »Fitzcarraldo«, - »filmkunst 66«-Hit: Frank Ripploh »Taxi zum Klo« – weitere Premieren: Rainer Werner Fassbinder »Lili Marleen«, Ulrich Edel »Die Kinder vom Bahnhof Zoo«, Hans Geißendörfer »Der Zauberberg«, Margarethe von Trotta »Die Bleierne Zeit«, Bob Rafaelson »Wenn der Postmann zweimal klingelt«, Brian de Palma »Dressed to kill«, Woody Allen »Stardust Memories«, David Lynch »Der Elefantenmensch«.

# Kinogeschichte 21

## Wer oder was ist FiFiGe?

Das ist eine Günther Jauch -»Wer wird Millionär«-Frage:

A: Eine finnische Finanzierungsgesellschaft
B: Ein deutscher Programmkinoverleih
C: Das deutsche Filmfinanzierungsgesetz
D: Ein finnisches Saunaritual.

B ist richtig. Die FiFiGe war der Filmverleih der AG-Kino, dem Zusammenschluss der Programmkinos, gegründet in einer Zeit, da es kaum Filmkunstverleiher gab. Die FiFiGe versorgte die eigene Klientel mit sehenswerten und außergewöhnlichen Filmen, an die sich kein anderer Filmverleih herantraute: Filme wie »Harold und Maude«, »Warum nicht!«, »Garp« oder die Filme der Marx Brothers.

Besonders schwierig war die Geschäftsbeziehung zu den amerikanischen Großverleihern, die so manch interessanten Film dem deutschen Publikum vorenthalten wollten, weil sie an einen Kinoerfolg nicht glaubten. Und welchen Deal die FiFiGe mit den Major Companies auch einging, es war immer falsch. Ging ein US-Film bei der FiFiGe gut, bekamen die Deutschland-Bosse von der Zentrale aus Amerika einen auf den Deckel, weil sie unfähig waren, dieses große Geschäft selber zu machen. War ein US-Film bei der FiFiGe ein Flop, bekamen sie ebenfalls einen auf den Deckel, warum sie denn mit solchen Losern überhaupt Geschäfte machen.

Erhellend für die Verhandlungsspanne zwischen Produzent und Verleih mag eine kleine Episode sein, die mir Werner Grassmann, Gründer der AG-Kino und der FiFiGe, erzählte. Er hatte sich auf den Filmfestspielen in Cannes mit einem Filmhändler getroffen, um ihm einen Film für die FiFiGe abzukaufen. Nach dem Lizenzpreis des Films gefragt, gab der Filmhändler eine Antwort, die wohl die Grundsatzsumme aller Verkaufspreise darstellt: »100.000 Dollar.« Als Grassmann erwiderte, dieser Betrag sei ganz illusorisch, die FiFiGe sei nur ein kleiner Verleih, dieser Betrag sei nicht zu erwirtschaften, fragte der Händler: »Was können Sie denn bieten?« - Auf die Grassman Antwort »10.000 Dollar« erwiderte der Filmhändler, ohne auch eine Sekunde Bedenkzeit zu verschwenden, um das um 90 Prozent gekürzte Gegenangebot auf seine Rentabilität hin zu überprüfen: »Auch gut. Wie zahlen Sie?«

Heute gibt es die FiFiGe nicht mehr. Sie hat sich erübrigt, seit sich ein Netz von vielen kleinen Filmkunstverleihern gebildet hat, die das Rückgrat bilden mit einem flächendeckenden, verlässlichen Programmangebot für alle Filmkunsttheater. Doch der finanzielle Wagemut der Programmkinoverleiher, die durch den Verkauf der Fernsehrechte ihrer künstlerisch anspruchsvollen Filme an die Sender der ersten, zweiten und dritten Programme bislang eine verlässliche finanzielle Absicherung erfuhren, gerät durch den Fluch des Quotenwahns in Bedrängnis.

Im Abstiegskampf um die Zuschauergunst pegeln die öffentlich-rechtlichen Sender des Bezahl-Fernsehens ihr Programmniveau in konsequenter Verleugnung ihres gesetzlich verankerten Kulturauftrags auf Massentauglichkeit herunter, was nicht ohne Einfluss auf das Niveau ihrer Filmauswahl bleibt. Auch die Dritten Programme senden lieber James Bond als Aki Kaurismäki oder Lars von Trier. Kein Anspruch von kulturellen Höhenflügen und gedanklicher Tiefe soll das auf simple Ablenkung und seichte Unterhaltung abonnierte Fernsehpublikum mit dem grausamen Affront geistiger Überforderung behelligen.

Mit welcher Grundhaltung die Programmgewaltigen bestimmen, was der unmündige Fernsehzuschauer zu sehen kriegt, erfuhr der Exmoderator Andreas Lukoschik, als seine Kultsendung »Leos Magazin« abserviert wurde mit der Begründung: »Sie machen ja intelligente Unterhaltung. Das will niemand sehen!«.

Wie einsame Wachttürme ragen »arte« und »3Sat« aus der medialen Wüste allgemeiner Verdummung heraus und führen mit einem ihren Kulturauftrag konsequent gerecht werdendem Programm den Willigen in das Fernsehparadies anspruchsvoller Unterhaltung. Aber nur diese beiden Sender als einzig verlässliche Finanzierungsquelle für gewagte Filmexperimente der Programmkinoverleiher werden nicht ausreichen, um das gewohnte Programmniveau in unseren Kinos aufrecht zu erhalten.

So wird die Niveaunivellierung des Fernsehsehens auch ihre Spätfolgen im Kinoprogramm zeigen.

## Kurz-Info: AG Kino und FiFiGe

1972 gründeten der Hamburger Kinobesitzer Werner Grassmann (»Abaton-Kino«) und Bremer Kinobesitzer Gerd Settge (»Cinema Ostertor«) die AG Kino als Zusammenschluss der Programmkinos, da sie sich mit ihren Kinointeressen im HDF, dem Hauptverband deutscher Filmtheater, nicht vertreten fühlten. Der von der Altbranche zuerst als obskur belächelte Verein bekämpfte die filmische Blockade mächtiger Kinobesitzer den Newcomern gegenüber, erreichte durch Beseitigung von Wettbewerbsverzerrungen die Liberalisierung des deutschen Kinomarktes und erhielt gleichwertige Anerkennung gegenüber der »Gilde deutscher Filmkunsttheater«, der 1953 gegründeten Vereinigung der Altbranche, von der sie sich nicht nur im Altersunterschied abgrenzte, sondern auch im Gegensatz von konservativ und progressiv.

Seit 1973 organisierte die AG Kino die Hamburger Kinotage, die als Filmmesse für Programmkinobetreiber außergewöhnliche Filme nach Deutschland holten, denen kein deutscher Filmverleih Kinoerfolgschancen zutraute. Mit der 1974 gegründeten »FiFiGe« betrieb die AG Kino einen eigenen Verleih zum Vertrieb dieser Filme. Durch ihre Sitze in der Filmförderungsanstalt FFA und im Vergabeausschuss der Kinoprogrammprämien bekam die AG Kino aktive Einwirkungsmöglichkeiten auf die Entwicklung der Kinolandschaft. Im Jahr 2003 haben sich beide Vereinigungen zur »AG Kino-Gilde e.V.« zusammengeschlossen, um einen effektive Verbandstätigkeit für alle Filmkunsttheater in West- und Ostdeutschland sicherzustellen.

# Filmgeschichte 22

# Tarkowskij und die Magie des Wassers

In einer Gemeinschaftsveranstaltung mit dem Künstlerhaus Bethanien beehrte der große russische Filmregisseur Andrej Tarkowskij höchstpersönlich das »filmkunst 66«, um eine Lektion abzuhalten über seine Kunst der Inszenierung. Im Verlauf seines Vortrags erklärte er freimütig, wie erstaunt er sei und sich immer wieder königlich darüber amüsiere, was Filmkritiker so alles Tiefsinnige in sein Werk hineininterpretieren, woran er nicht im Traum gedacht habe. Und er gab ein Beispiel für eine typische Fehlinterpretation.

Er nahm das Glas Wasser, das ich ihm auf das Vortragspult gestellte hatte, und sagte, er werde jetzt das Glas genüsslich an den Mund führen und daraus trinken, ein ganz normaler Vorgang, würde er aber dieses im Film zeigen und stamme das Wasser auch noch aus einer Quelle, so möchte er nicht wissen, was speziell deutschsprachige Filmkritiker in diese Szene alles hineininterpretieren würden über das Wasser als Urquell und tiefen Sinn des Lebens. Dabei hat diese Szene im Rahmen des Films nur eine ganz simple Erklärung: Der Mann hat Durst.

Selten hat ein Filmemacher die hochgeistige Verstiegenheit der deutschen Filmkritik so deutlich relativiert.

**Kurzinfo: Was 1982 sonst noch geschah**
Die FDP sprengt die sozialliberale Koalition, Helmut Kohl wird Kanzler – Kreml-Chef Breschnew stirbt – Kampf zwischen England und Argentinien um die Falklandinseln im Südpazifik – Der Einmarsch israelischer Einheiten im Libanon erzwingt den Abzug der palästinensischen Freiheitsbewegung PLO – Gestorben: Romy Schneider, Rainer Werner Fassbinder, Henry Fonda, Grace Kelly, Henry King, Jacques Tati – Kinohit des Jahres: Steven Spielberg »ET« - Programmkino-Hit: Carl Reiner »Tote tragen keine Karos«, »filmkunst 66« - Hit: Serif Gören »Yol – Der Weg« - weitere Premieren: Blake Edwards »Victor Victoria«, Ridley Scott »Blade Runner«, Rainer Werner Fassbinder »Querelle«., Alan Parker „The Wall", Bill Forsyth »Local Hero«, Jean-Jacques Annaud »Am Anfang war das Feuer«, John Landis »American Werwolf«.

# Kinogeschichte 23

## Technicolor Dreams:
## Die große Bühnenshow im »filmkunst 66«

Ein von Film und Musical besessener ehemaliger Filmvorführer des »Bellevue«-Kinos lud mich eines Abends zu einer besonderen Vorführung ein, in der er mit einer Laienspielschar gleichgesinnter Freunde im begrenzten Rahmen seines großen Altbauzimmers eine bühnenreife Travestieshow von Film- und Musical-Parodien abzog. Ich erkannte das Potenzial der Gruppe, erinnerte mich der großen, leeren Bühne in meinem Kino, die nur auf eine große Show wartete, und bot ihnen das »filmkunst 66« für ihren nächsten Auftritt an.

Von 1983 bis 1988 feierte die Travestie-Truppe

mit ihren einfallsreichen, witzigen und mitreißenden Bühnenschows, die das Kino und seine Stars parodierten, jeden Sonnabend nacht Triumphe.

Nachdem sie ihre völlig unberechtigten Ängste vor einer Blamage überwunden hatten, riskierten sie ihren ersten Auftritt Sonnabendnachts. Aus diesem Sonnabend des Jahres 1983 wurden fünf Jahre mit drei verschiedenen Shows vor regelmäßig ausverkauftem Haus und begeistertem Publikum, das mit Standing Ovations die Truppe nicht ohne halbstündige Zugabe von der Bühne ließ. Es waren zwar alles nur Amateure: 7 Herren und eine Dame, eine Maskenbildnerin und ein Licht- und Tonarrangeur; was sie aber nicht an Geld und Technik hatten, haben sie durch ihren unerschöpflichen Einfallsreichtum, tänzerisches Können, parodistischen Witz und komödiantischen Schwung tausendfach wettgemacht. Die »Technicolor Dreams« hatten auch einen weiblichen Groupie, der die Gruppe backstage unterstützte: unsere Tochter Claudia.

Wie toll diese Gruppe war, wurde mir erst richtig bewusst, als ich in Las Vegas die angesagte Show in der Stadt besuchte. Was da im riesigen Auditorium mit gewaltigem technischen Aufwand und Heerscharen von auftretenden Künstlern ablief, war eine zum Einschlafen langweilige, müde Show, bei der nach einem spärlichen Schlussbeifall sofort der Vorhang fiel. Wenn das die beste Show der Stadt war, wären die »Technicolor Dreams« die Sensation von Las Vegas gewesen. Aber dazu ist es nie gekommen. 1988 war ihre letzte Show im »filmkunst 66«.

Eine Programmära war zu Ende.


## Kurzinfo: Was 1983 sonst noch geschah

Presseskandal im »Stern« um Hitlers Tagebücher – Lech Walesa erhält Friedens-Nobelpreis – Die CD macht der Schallplatte Konkurrenz – Gestorben: Louis de Funés, David Niven, Erik Ode, Gloria Swanson – Filmzensur: Innenminister Friedrich Zimmermann verweigert dem Achternbusch-Film »Das Gespenst« die Auszahlung bereits bewilligter Produktionsgelder wegen Blasphemie – Tanzfilme erobern das Kino: »Flashdance« und »Carmen«, Film des Jahres: Richard Attenborough »Gandhi« - Kinohit des Jahres: Ted Kotcheff »Rambo« - Pogrammkinohit: Jacques Beneix »Diva« - »filmkunst 66«-Hit: Andrej Tarkowskij »Nostalghia« - Weitere Premieren: Robert van Ackeren »Die flambierte Frau«, Ingmar Bergman »Fanny und Alexander«, Godfrey Reggio »Koyaanisqatsi«, Sydney Pollack »Tootsie«.

# Wie ich 40.000 DM gewann und 600.000 DM verlor

Jeder begeht Fehler im Leben. Mein größter war, dass ich nicht den französischen Film »Diva« gespielt habe, weil ich mich weigerte, mein »Festival des Fantastischen Films«, das als Vorgänger des heutigen Fantasy-Filmfests neue Horror- und Science-Fictionfilme nach Deutschland holte, zeitlich zu verschieben. Ein halbes Jahr Vorbereitungszeit für das Festival sollten nicht umsonst gewesen sein wegen der vagen Möglichkeit, dass sich ausnahmsweise einmal ein Filmverleihertraum vom großen Kinohit erfüllte könnte. Dem »Diva«-Verleiher genügten nicht die von mir garantierte Laufzeit von sechs Wochen, was ich schon für eine sehr optimistische Erwartung hielt. Und so war ich die »Diva« los.

Das Festival war ein großer Erfolg und spielte in zwei Wochen 40.000 DM ein. »Diva« war der Programmkinohit des Jahres, lief ein halbes Jahr in der »Kurbel« und spielte 600.000 DM ein.

Im Reichtum vermeiden war ich schon immer gut.


**Kurzinfo: Filmzitat über menschliche Dummheit**
Robert Mitchum in »Out of the Past« (1947):
   »Wie blöd kann man sich anstellen? Ich bin dabei, es herauszufinden.«

# Weltstars im »filmkunst 66«: Jack Nicholson

1984 war Jack Nicholson Stargast der Berlinale mit seinem Film »Zeit der Zärtlichkeit«. Für die Premierenvorstellung im Zoopalast hatte ich keine Karte bekommen. War auch nicht notwendig. Jack Nicholson kam zu mir ins Kino. Mit seiner Präsenz wollte er der Welturaufführung des Regiedebüts seines besten Freundes Glanz verleihen, das in der Panorama-Reihe als Mitternachtspremiere nach der Show der »Technicolor Dreams« angesetzt war.

Die Show begann, kein Jack Nicholson in Sicht. Nach einer Stunde habe ich den für ihn reservierten Seitenplatz für einen Nachzügler, den Regisseur des Films, freigegeben. Fünf Minuten später tauchte Nicholson dann doch noch auf, so klischeehaft, wie man es sich nur vorstellen konnte: in stockdunkler Nacht mit Sonnenbrille, Zigarette

Jack Nicholson im »filmkunst 66«-Foyer

schief aus dem Mundwinkel heraushängend und ziemlich stoned wirkend. Ich habe ihn begrüßt und ihn gebeten, sich in unser goldenes Gästebuch einzutragen, was er denn auch tat mit jenem sardonischen Lächeln, das ich bislang nur auf der Leinwand bewundert hatte. Ich bot ihm einen Platz im Saal an. Er winkte ab, wollte nur vom Seiteneingang aus auf die Bühne blicken. Lange guckt der sowieso nicht, dachte ich mir, von Las Vegas oder New York ist er ganz andere Shows gewohnt. Es dauerte keine fünf Minuten, bis er zu mir zurückkam und meinte: »The boys are great.« Das professionellste Kompliment, das den »Technicolor Dreams« je zuteil wurde. Nun wollte er doch einen Sitzplatz haben. Ich führte ihn durch den dunklen Saal, wo er sich durch die vorletzte Reihe quetschte und auf dem letzten freien Kinosessel Platz nahm. Die Besucher jenes Abends werden es ihr Leben lang nie vergessen: Sie sitzen völlig ahnungslos im dunklen Kino und auf einmal setzt sich Jack Nicholson neben sie.

Aber damit muss man im »filmkunst 66« rechnen.


**Kurzinfo: Was 1984 sonst noch geschah**

Parteispenden-Affaire erschüttert Bonn – London gibt die Wirtschaftsmetropole Hongkong an China zurück – Richard Nixon wird US-Präsident – Indiens Premierministerin Indira Ghandi wird ermordet – Niki Lauda wird Weltmeister – Mit seinen Videoclips wird Michael Jackson zum Popstar des Jahrzehnts – Start des Kabel- und des Privatfernsehens – Gestorben: Richard Burton, Sam Peckinpah, Francois Truffaut, Oskar Werner, Johnny Weissmüller – Deutscher Kinohit: Wolfgang Petersen »Die unendliche Geschichte« – Film des Jahres: Milos Forman »Amadeus« - Kinohit des Jahres: James Cameron »Der Terminator« - Programmkino-Hit: Wim Wenders »Paris Texas« - »filmkunst 66«-Hit: Francis-Ford Coppola »Rumble Fish« - weitere Premieren: Wes Craven »A Nightmare on Elm Street«; Jim Jarmush »Stranger Than Paradise«, Sergio Leone »Es war einmal in Amerika«; James L. Brooks »Zeit der Zärtlichkeit«, Joe Dante »Die Gremlins«.

# Kinogeschichte 26

# Filmmarathon »Heimat«

Das »filmkunst 66« hat schon viele Filmrekorde mit überlangen Filmen gebrochen: Beide Teile von Bernardo Bertoluccis »1900« mit fünfeinhalb Stunden – »Siberiade«, Andrey Konchalovskys Gegenstück zu »1900« mit 4 Stunden 40 Minuten und Sergej Bondartschuks »Krieg und Frieden«-Version mit 6 Stunden und 40 Minuten Filmdauer. Alles übertraf aber die filmische Präsentation von Edgar Reitz' Fernsehserie »Heimat« an einem warmen August-Wochenende, bei dem alle 11 Folgen mit einer Gesamtlänge von 14 Stunden noch vor der Fernsehausstrahlung vorgeführt wurden. Als dieses Mammutprogramm im Juli auf dem »Filmfest München« gezeigt wurde, habe ich dem Regisseur Edgar Reitz angeboten, »Heimat« auch in meinem Kino zu zeigen.

Vier Wochen später füllten 70 Filmrollen und 25.200 Meter Film den Vorführraum bis in den letzten Winkel aus. Edgar Reitz begrüßte das Publikum im vollen Saal des »filmkunst 66« persönlich. Und dann konnte der Filmmarathon beginnen: Die ersten beiden Folgen hatten Spielfilmlänge, die nächsten fünf Folgen dauerten jeweils eine Stunde und die letzten vier Folgen hatten nochmals Spielfilmlänge. Unterbrochen von Pausen nach jeder Folge und dem Angebot von stärkendem Eintopf aus einer »heimatlichen« Gulaschkanone folgte das Publikum – 305 Besucher waren erschienen – leicht erschöpft, aber begeistert dem filmischen Fernsehgeschehen. Ein 14-stündiges Filmereignis, das einen Platz im »Guinnessbuch der Rekorde« verdient hätte.

Fast alle Besucher erschienen zum zweiten »Heimat«-Teil am Sonntag. Und nur elf Besucher gaben vorzeitig auf.

**Kurzinfo: Edgar Reitz über Heimat**
»Heimat ist immer etwas Verlorenes, eine Sehnsucht, die sich nie erfüllen lässt.«

## Mein größter Kinohit

Nicht »Harold und Maude« oder »Brot und Tulpen«, nicht »Taxi zum Klo« oder »Alles auf Zucker« gehen in die Geschichte des »filmkunst 66« ein als größter Kinohit, sondern Donald Duck: ein Donald Duck-Festival zum 50. Geburtstag mit rund 60 von seinen 101 Kurzfilmen, die ich unter Titeln wie »Donald Duck und seine Lieblingsfeinde«, »Die Donald Duck-Familie« oder »Donald Duck die Frauen« zu einem siebentägigen Programm zusammengestellt hatte. In der

**Festival mit 60 Filmen**
Täglich wechselndes Programm ab 30. März

ersten Woche wollten 5.267 Besucher Donald Duck sehen. Das sind Besucherzahlen, die vielleicht Multiplexe in der Startwoche von »Titanic« oder »Avatar« erzielen. Am ersten Sonnabend waren alle Vorstellungen ausverkauft: Zur Nachmittagsvorstellung kamen die Kids, zur frühen Abendvorstellung die Familien, zur Abendvorstellung die Erwachsenen und nachts die Studenten. Es war »Titanic« für Arme.

Der Disney-Filmverleih war völlig überrascht vom Besucherandrang. Als am Montagmorgen die Verleihdispontin neugierig die Einspielergebnisse telefonisch abfragte, hielt sie schon die Besucherzahlen beglückt für das Kassenergebnis und konnte die Höhe der Einspielergebnisse rational gar nicht mehr erfassen..

So viele Besucher wurden dem Verleih unheimlich. Nach der vierten Spielwoche, als noch immer 2.500 Besuchern den Kinosaal füllten, wurde ich durch die Androhung einer einstweiligen Verfügung zum Absetzen des Erfolgsprogramms gezwungen. Der Disney-Verleih hatte mit großem Aufwand eine teure Eigenproduktion »50 Jahre Donald Duck« hergestellt und fürchtete die Konkurrenz. Mit Recht. Denn ihr Film wurde ein Flop. Warum? In diesem Filmschnipselprogramm wurden die Donald Duck-Filme, die jeder für sich ein in sich abgeschlossenes, pointengenau gestaltetes Siebenminuten-Kunstwerk waren, in ihrer Struktur zerstört und ihrer komischen Wirkung beraubt. Der Zauber war dahin.

Das »filmkunst 66«-Donald Duck-Programm hatte gar nichts gekostet – nur eine gute Idee zur richtigen Zeit, die Kenntnis der Filme und das Wissen, wo ich diese auftreiben konnte. Also alles das, was Programmkino ausmacht.

**Kurzinfo: Das Walt Disney-Zitat**
»Ich liebe Mickey mehr als jede Frau, die ich geliebt habe.«

# Kinogeschichte 28

## William S. Burroughs im Kino

Das war schon eine Sensation: der amerikanische Undergroundpoet William S. Bourroughs live im »filmkunst 66«. Als Stargast kam die lebende Legende der Beat-Generation zur Weltpremiere des deutschen Films »Decoder«, in dem er selbst mitspielte – ein wüstes Werk des Filmkünstlers Muscha, das als Kultfilm der Punkbewegung gilt. Das musste ja voll werden im Kino. Doch der Filmverleiher hatte gegenteilige Befürchtungen und gab, ohne mich zu informieren, 100 Karten mehr heraus als Plätze im Saal vorhanden waren.

Das Chaos war perfekt und der Ärger vorprogrammiert. Statt 400 Besucher waren 500 im Saal. Und keine braven Bildungsbürger, sondern wüste Punks. Da im überfüllten Saal beide Seitengänge verstopft waren, hätte die Veranstaltung gar nicht stattfinden dürfen. Eine Aufforderung an die in den Gängen stehenden Besuchern, den Saal zu verlassen, wäre vergeblich gewesen.

Gemeinsam mit dem Filmverleiher bahnte ich mir einen Weg durch die überfüllten Gänge zur Kinobühne. Wir entschuldigten uns für die Überfüllung des Kinos, verkündeten, dass aus Sicherheitsgründen eigentlich die Veranstaltung abgebrochen werden müsste. Buhkonzert. Beschwichtigend hob ich die Hände und verkündete, dass es aber weitergehen werde, wenn das Risiko einer Brandgefahr durch brennende Zigaretten ausgeschlossen wird. Beifall. Brav wurden bereits entzündete Joints ausgedrückt und die Vorstellung konnte beginnen.

Donnernder Beifall des frenetisch jubelnden Publikums, als der große alte Mann der amerikanischen Undergroundliteratur die Bühne betrat. Ich werde nie vergessen, wie er da auf seinem Stuhl hockte und mit seiner rauen, tief dröhnenden Bassstimme aus seinen Büchern vorlas, während seine Füße synchron zum Leserhythmus auf den Boden stampften. Egal, was er las. Es war faszinierend.

Der Film selbst fand nicht so viel Beifall wie diese überwältigende Performance von William S. Burroughs.

## Kurz-Info: William S. Burroughs

Amerikanischer Schriftsteller, * 5.2.1914, + 2.8.1997. Burroughs studierte in Harvard Allgemeine Semantik und Medizin. In New York kam er mit der schwulen Subkultur in Berührung, wo er seine späteren Freunde Allan Ginsberg und Jack Kerouac kennen lernte. In schonungsloser Offenheit verarbeitete er seine Erfahrungen mit der Drogensucht in »Junkie« (1953), seine Homosexualität in »Queer« (1951). Um einer Gefängnisstrafe wegen Anbau von Marihuana zu entgehen, floh er nach Mexiko. Dort wurde er ausgewiesen, nachdem er im Rausch durch ein unglückliches Missgeschick seine Frau Juan Vollmer erschossen hatte. Nach Jahren in London und Paris zog er nach Tanger, wo er in seinem autobiografischen Roman »Naked Lunch« den Teufelskreis der Opiumsucht beschrieb (1959). »Naked Lunch« wurde von David Cronenberg verfilmt. Mit seiner experimentellen Schreibmethode des »Cut Up«-Stils, der die chronologische Erzählstruktur zerstörte, um die einzelnen Manuskriptseiten nach dem Zufallsprinzip in einer völlig neuen, assoziativen Erzählweise zusammenzufügen, beeinflusste er eine ganze Generation von Schriftstellern, Musikern und Filmemachern. Mit »The Electronic Revolution« (1971) gelang Burroughs eine prophetische Vision des kommenden digitalen Zeitalters.

Zurück in New York kam er in den 80er und 90er Jahren mit den Stars der Subkultur Andy Warhol, Patti Smith, Dennis Hopper, Susan Sonntag, Terry Southern und Mick Jagger in Berührung und wurde als Ikone der Gegenkultur entdeckt. Gemeinsam mit dem Regisseur Bob Wilson und dem Sänger und Komponisten Tom Waits schuf Burroughs den Bühnenhit des Undergrounds: »Black Rider«, der 1990 auf dem Hamburger Thalia-Theater erstaufgeführt wurde.

1997 starb William S. Burroughs an Herzversagen.

# Kinogeschichte 29

## Ich heirate eine Familie

In der Hauptrolle Rosemarie. Am 20. September 1985 haben wir geheiratet. Es musste an einem 20. sein. Die 20 ist unsere Glückszahl, außer beim Lotto. An einem 20. hat Rosemarie Geburtstag, an einem 20. ist unsere späte Liebe entflammt, und wenn wir uns scheiden lassen, nur an einem 20.

Rosemarie hat ein Kino geheiratet, ich eine Familie: eine Großfamilie, denn da gab es nicht nur die damals minderjährige Tochter Claudia und Sohn Frank, der allerdings weit ab beim geschiedenen Vater aufwuchs. Es gab auch Schwiegereltern, die ebenfalls in Berlin lebten, allerdings genügend weit entfernt, dass der sprichwörtliche Schwiegermutter-Komplex sein familiäres Streit- und Kampfpotenzial nicht entfalten konnte. Dann waren da noch die beiden Schwestern Karin und Monika – Karin lebte mit ihren vier schulpflichtigen und studierenden Töchtern und Söhnen in Berlin; Monika weitab am Bodensee, sodass wir nur selten in den Genuss ihrer mit missionarischem Eifer vorgetragenen Bekehrungsvorträge zum gesunden Vegetarierdasein kamen, wobei mir zu diesem Thema nur der weise Spruch einfällt: »Vegetarier werden nicht älter, die sehen nur so aus.« Ein Spruch, der bei intensiver Gesichtsbetrachtung eines Vegetariers nur umso wahrer erscheint. Auch Monikas Sohn und Tochter studierten in Berlin, womit die Berliner Großfamilie komplett war.

Das »filmkunst 66« ist ein Familienbetrieb. Und so blieb es nicht aus, dass fast alle Familienmitglieder der Reihe nach ihren Frondienst im Kino antraten. Die Neffen und Nichten an der Kinokasse, Karin im Büro und als Retter in Computer-Stressfällen, während ihr Sohn Jonathan den Internetauftritt des Kinos einrichtete.

Es war nur eine Zeitfrage, bis auch unsere Enkelkinder im Kino ein lockendes Betätigungsfeld sahen. Im Alter von 13 und 14 Jahren war es für beiden Mädchen ein Heidenspaß, an der Kinokasse mit zu bedienen. Probleme gab es erst, als ich leichtfertigerweise beide ermunterte statt der simplen Tätigkeit des Anreichens von Süßwaren und Getränken sich doch an die etwas kompliziertere Kassierer-Tätigkeit zu wagen, die sowohl den Rechenvorgang der korrekten Addition unterschiedlicher Preise von Kinokarten, Süßwaren und Getränken beinhaltet wie die richtige Subtraktion als Voraussetzung für eine akkurate Wechselgeldrückgabe. Ihre zeitlich aufwendigen Rechenversuche beobachtend wurde mir bewusst, dass im Zeitalter des Taschenrechners die unter geistiger Hochkonzentration geübte Kunst des Kopfrechnens eine vom Aussterben bedrohte Denksportart ist, die von der heutigen Touch-Generation als überflüssige Belästigung ihrer Gehirnzellen betrachtet wird.

Seitdem liegt an der Kinokasse ein Taschenrechner für zeitliche Notfälle bereit, um ein Minus in der Tageskasse zu verhindern.

### Kurzinfo: Was 1985 sonst noch geschah

Smog-Alarm im Ruhrgebiet – Michael Gorbatschow wird Kreml-Chef – Erster Ost-Westgipfel zwischen Gorbatschow und Reagan – Joschka Fischer wird erster »Grüner« Ministerpräsident in Hessen – 38 Tote bei Hooligan-Randale nach dem Eurocupendspiel in Brüssel – Boris Becker gewinnt Wimbledon – Die Modedroge Krack verschärft die Gefahr synthetischer Drogen – Die »Schwarzwald-Klinik« erobert die deutschen Fernsehzuschauer – Gestorben: Yul Brynner, Henry Hathaway, Rock Hudson, Simone Signoret, Luise Ulrich, Orson Welles – Deutscher Kinohit: Doris Dörrie »Männer« - Kinohit des Jahres: Robert Zemeckis »Zurück in die Zukunft« - Programmkino-Hit: Reinhard Hauff »Stammheim" - »filmkunst 66«-Hit: Neil Jordan »Die Zeit der Wölfe« - Weitere Premieren: Terry Gilliam »Brazil«, Ivan Reitman »Ghostbusters«, Woody Allen »The Purple Rose of Kairo«.

# Kinogeschichte 30

## Ein Tag im Kino:
## Hellmuth Karasek sieht Laurel & Hardy

1987 hatte Kinowelt ein Filmpaket mit allen Laurel & Hardy-Filmen gekauft, wusste aber damit nichts anzufangen. Ich aber schon. Und um Rat gefragt, ließ ich mich nicht lange bitten und bastelte aus 70 kurzen und langen Laurel & Hardy-Filmen ein Filmfestival, in dem ich die kurzen Filme thematisch unter den Titeln »Die Berufe von Laurel & Hardy«, »Laurel & Hardy und die Frauen«, »Die Laurel & Hardy-Family«, »Laurel & Hardy und ihre Lieblingsfeinde«, »Anarchie ist in der kleinsten Hütte« und »Laurel & Hardy und die Kunst der Zerstörung« zusammenfasste und die restlichen Kurzfilme mit den Langfilmen verband.

Da es mit diesem Festival darum ging, die künstlerische Ehre von Laurel & Hardy zu retten, habe ich mich auch um die überregionale Presse gekümmert und einen befreundeten Journalisten, der vom Berliner »Tagesspiegel« zum »Spiegel« gewechselt war, gefragt, ob er als journalistische Begleitung zur Wiederentdeckung von Laurel & Hardy etwas im Spiegel lancieren könne. Er konnte.

Drei Tage später flog der damalige Feuilleton-Chef des Spiegels, Hellmuth Karasek, in aller Herrgottsfrühe höchstpersönlich ein und hat sich von 9 Uhr morgens bis 18 Uhr abends ohne Pause alle Laurel & Hardy-Filme reingezogen, die mir zur Verfügung standen. Das Ergebnis war am kommenden Montags-»Spiegel« eine dreiseitige Hommage auf die Komik-Kunst von Laurel & Hardy und eine Woche später folgten alle anderen Wochenmagazine von »Stern« bis »Zeit« in ebenbürtiger Größe nach.

Vor dem Festivalerfolg jedoch war der Arbeitsschweiß gesetzt, und zwar der doppelte. Den Urlaub auf einer einsamen italienischen Insel vor Festivalbeginn hatte ich genutzt, um den exakten Spielplan zu gestalten, um jeden der einzelnen Filme inhaltlich kurz zu beschreiben und um ein Essay über Wesen und Stil der Komik von Laurel &

Hardy zu verfassen. Dass es in jener Zeit noch kein Laptop gab, um etwas abzusichern und per Email zu versenden, wurde mir zum Verhängnis, denn auf der Rückreise wurde unser Wagen, wie es sich für einen perfekten Italien-Aufenthalt gehört, von Dieben aufgeknackt und zielgerichtet bis auf die Schmutzwäsche aller Inhalte beraubt, auch meiner handschriftlichen Manuskripte. Nur das englische, zerlesene Laurel & Hardy-Buch wollten sie nicht. Ein kleiner Trost. Denn zwei Tage nach meiner Rückkehr in Berlin war der Abgabe-Termin für den Druck des Programmheftes. Und so war es möglich, mittels der Daten aus dem Buch und dank meines damals gut funktionierenden Gedächtnisses binnen zweier Tage und Nächte alles noch mal neu zu schreiben, was ich Wochen zuvor erarbeitet hatte. Psychoexperten mögen erklären, warum die unter extremen Zeitdruck und in zwei Nächten ohne Schlaf geschriebenen Texte besser waren als alles, was ich auf der Insel in aller Ruhe getextet hatte.

Wofür doch ein Adrenalinschub zur rechten Zeit gut ist!

## Kurz-Info: Was 1986 sonst noch geschah

Raumfähre Challenger explodiert – Schwedens Ministerpräsident wird Opfer eines Attentats – Atomkraftkatastrophe in Tschernobyl – Franz Xaver Kroetz' Schickimicki-Satire »Kir Royal« im Fernsehen – »Cats« beginnt Musical-Siegeszug – Gestorben: Cary Grant, Helmut Qualtinger, Lilli Palmer, Otto Preminger, Andy Wharhol – Kinohit des Jahres: Jean-Jacques Annaud »Der Name der Rose« - Programmkino-Hit: Coline Sereau »Drei Männer und ein Baby« - »filmkunst 66«-Hit: Stephen Frears »Mein wunderbarer Waschsalon« - Weitere Filmpremieren: James Ivory »Zimmer mit Aussicht«, Jim Jarmush »Down by Law«, Richard Attenborough »A Chorus Line«, Sydney Pollack »Jenseits von Afrika«, Lina Wertmüller »Camorra«, George Miller »Mad Max«, Akira Kurosawa »Ran«, Dani Levy »Du mich auch«.

# Kinogeschichte 31

## Stars im »filmkunst 66«: Jack Palance

Meine ganze Jugend hat er mich begleitet: der hagere, finstere Ober-bösewicht des Hollywoodkinos, der in keinem Western oder Krimi fehlen durfte: Jack Palance. Im Zweiten Weltkrieg erlitt er bei einem Fallschirmsprung aus einem brennenden Flugzeug schwere Gesichts-verletzungen, deren Spuren jene markanten Gesichtszüge schufen, die ihn für die Rolle des ewig Bösen festlegten. Er spielte Killer und Spieler, Mafiosi und Gangster, Jack the Ripper und Dracula, Attila und Fidel Castro. Der sanfte Maler in »Out of Rosenheim« war eine der wenigen positiven Rollen in seinem langen Schauspielerleben. Und nun kam er live in mein Kino: Gemeinsam mit Marianne Säge-brecht und Regisseur Percy Adlon zur Premiere von »Out of Rosen-heim.«

Dass ich parallel zur Premiere eine kleine Programmreihe mit seinen Filmen zeigte, gab mir Gelegenheit, seinen Bühnenauftritt genregerecht zu gestalten: Nach den Filmausschnitten der Schlussszenen aus »Mein großer Freund Shane« und »Mercenario, der Gefürchtete«, in denen Jack Palance gemäß den ehernen Genregesetzen im Revolverduell unterlag, konnte Regisseur Percy Adlon auf der Kinobühne verkünden. »In all seinen Filme wurde er totgeschossen, aber jetzt ist er lebend hier im Kino: Jack Palance«.

Unter dem Jubel des Publikums stellte der 68jährige Altstar und Pfeifenraucher seine vitale Lebenskraft mit einer Übung unter Beweis, die er auch schon mal bei einer Oscar-Verleihung absolviert hatte: einer endlosen Reihe von Liegestützen, die ich auch in jugendlichem Elan niemals hingekriegt hatte.

Es haben schon Bands auf der Bühne musiziert, Chöre gesungen, Sinfonieorchester zu Stummfilmen gespielt, Prominente wie William S. Burroughs, Andrej Tarkowskij und Vanessa Redgrave Lesungen abgehalten, Kulturpolitiker diskutiert, Esoteriker Urlaute gesummt, Tänzer sind über die Bühne getobt. Aber Liegestütze absolviert hatte noch nie jemand.

### Kurzinfo: Was 1987 sonst noch geschah

Michael Gorbatschow bekräftigt seine Reformpolitik der Perestroika – 19-jähriger deutscher Hobbypilot landet mit seinem Kleinflugzeug auf dem Roten Platz in Moskau – Abrüstung der Mittelstreckenraketen in Deutschland – Steffi Graf wird als Tennis-Champion die Nr. 1 – Politskandal um das falsche Ehrenwort des schleswig-holsteinischen Ministerpräsidenten Uwe Barschel und seinen mysteriösen Tod in einem Genfer Hotel – Gottschalk übernimmt »Wetten dass...?« – Aufstand der Palästinenser im von den Israelis besetzten Westjordanland und im Gazastreifen. Beginn der Intifada zur Befreiung Palästinas – Mit dem Europäischen Filmpreis »Felix« möchte das europäische Kunstkino dem »Oscar« Konkurrenz machen – Gestorben: Fred Astaire, Georges Franju, Rita Hayworth, John Huston, Lee Marvin, Lino Ventura – Kinohit des Jahres: »Dirty Dancing« – Programmkino-Hit: Wim Wenders »Der Himmel von Berlin«, »filmkunst 66« - Hit: Percy Adlon »Out of Rosenheim« – Weitere Premieren: Bernardo Bertolucci »Der letzte Kaiser«, Adrian Lyne »Eine verhängnisvolle Affäre«, Zhang Yimou »Rotes Kornfeld«, David Lynch »Blue Velvet«, »Alan Parker »Angel Heart«, Tsui Hark »Peking Opera Blues«, George Roy Hill »Garp«

# Kinogeschichte 32

## Erinnerungen an ein verschwundenes Filmgenre: der Kurzfilm

Heute ist er ganz aus den Kinos verschwunden: der Vorfilm. Noch in den 50er Jahren war es Pflichtübung einer fast jeden Kinovorstellung, im Vorprogramm einen entsetzlich langweiligen Kulturfilm zu ertragen, der über Fruchtbarkeitsrituale exotischer Inselvölker, das Laichen der Lurche oder das Brunftverhalten unterirdischer Maulwürfe belehrte: alles, was man schon immer nicht wissen wollte. Dabei gibt es wunderbare, komische, spannende, originelle Kurzfilme. Nur zu sehen gab es sie selten im Kino. Denn niemand kannte sie: nicht die Kinobesitzer und die Filmverleiher auch nicht. Unbekanntes Filmland, über das nie berichtet wurde.

Als ich Mitglied der Filmbewertungsstelle FBW war, nutzte ich die Gelegenheit, in den dortigen Archiven zu spionieren, um anhand der Prädikatsbegründungen die besten, kinogeeigneten Kurzfilme herauszufiltern und die Verleiher mit meinen Sonderwünschen nach Kurzfilmtiteln zu nerven, von denen sie gar nicht wussten, dass sie diese überhaupt im Angebot hatten. Ich habe sie gerne über ihr Programm aufgeklärt.

Es gibt drei verschiedene Grundformen des Kurzfilms: der Dokumentar- und Kulturfilm, der mit Echtzeitaufnahmen über Natur und Technik aufklärt; der Animationsfilm, der in seinen sieben Minuten Grunddauer mehr Gags verpackt als die folgende Spielfilmkomödie; und der Kurzspielfilm, in dem junge Nachwuchsfilmer ihr Talent testen können. Neue Filmformen werden ausprobiert in einem Gestaltungsprozess, in dem Schablone noch nicht die Regel ist. Die besten Regisseure haben so angefangen: George Lucas und Tim Burton, Francois Truffaut und Jean-Luc Godard, David Lynch und Tom Tykwer.

Die Abschaffung der Vergnügungssteuer, zu deren Verhinderung steuersparende Kurzfilme gezeigt werden mussten, schaffte auch das Abspiel von Kurzfilmen im Vorprogramm der Kinos ab. Das gibt zeitlichen Raum für mehr Werbefilme und für die Vorschau von mindestens zehn Filmtrailern. Es ist einzig und allein dem Engagement zweier Kurzfilmverleiher und einiger Programmkinomacher zu verdanken, dass vereinzelt doch noch sehenswerte Kurzfilme dem Hauptfilm vorangehen. Aus der Vielzahl guter Kurzfilme ragen drei heraus, die sich in der Publikumsreaktion so nachhaltig ins Gedächtnis eingegraben haben, dass man noch an sie denkt, wenn der folgende Hauptfilm schon lange vergessen ist. Sie waren Kult im Programmkino.

## Das winkende Mädchen

Kollege Gunter Rometsch persifliert in seinem nur aus Titeln und Namen bestehen Film die Endlosfolge der Vor- und Nachtitel eines jeden Kinofilms. Zu der sich steigernden Musik von Ravels Bolero laufen Rolltitel ab, die in unerschöpflicher Namensgebungsfantasie auflisten, wer so alles bei einer Filmherstellung mitmischt. Als Running Gag taucht in fast jeder Position ein gewisser Eberhard F. Fritsche auf. Nach zehn Minuten Titeln beginnt endlich die Filmhandlung: Zur lautstarken Schlussapotheose des Boleros Kamerafahrt auf ein Mädchen, das unter einem Baum steht und winkt. Ende des Films. Nach jeder Vorführung: Riesengelächter und Beifall. Gunter hat mir später erzählt, das einzig Teure am ganzen Film war die finanzielle Abgeltung der Musikrechte am Bolero.

## Rot Gröth

»Rot Gröth« dokumentiert in systematischer Fehleranalyse alle möglichen Pannen einer Filmvorführung. Im Verlauf des Films geht alles schief, was im Kino schiefgehen kann: Bild- und Tonstörungen, falsche Bildstriche und halbierte Werbefilme, auf dem Kopf stehende Dias und als Krönung ein auf der Leinwand verbrennendes Filmbild. Zum Schluss ist es ganz dunkel auf der Leinwand und aus den Effektlautsprechern dröhnen die Geräusche einer Schlägerei im Vorführraum.

Es war mir ein Vergnügen, bei jeder einzelnen Vorstellung die Publikumsreaktionen zu registrieren, zu beobachten, wie schnell oder auch gar nicht die Kinobesucher den »Fake« des Films durchschauten. Gar nicht durchschaut hatten es jene beiden stark aussehenden Männer, die bei der simulierten Schlägereiszene zu mir kamen und fragten, ob sie denn helfen könnten.

## Der Hahn ist tot

1988 gelang es dem Hamburger Regisseur Zoltan Spirandelli, das Publikum im Kinosaal mit seinem Kurzfilm »Der Hahn ist tot« zum Mitsingen zu animieren. Nach dem Vortrag des Kanons teilt er von der Leinwand her das Publikum auf, die linke Saalseite, die Mitte, die rechte Saalseite, und gibt mit seiner Stimme, auf die verschiedenen Bühnenseiten eilend, nacheinander den drei Besucherchorabteilungen den jeweiligen Mitsingeinsatz. Das Wunder der Kinokommunikation klappte auf Anhieb und bei allen späteren Vorführungen jedes Mal neu und anders. Nach dem Ende des Films beklatschen die Zuschauer sich selbst und lachten noch lange, nachdem der Kinovorhang wieder geschlossen war. 12 Jahre später verdankte das »filmkunst 66« dem »Der Hahn ist tot«-Regisseur den Filmhit des Jahres: den ebenfalls dem Chorgesang frönenden Film »Vaya con Dios«.

Was war das Erfolgsgeheimnis dieser Filme? Gewieft spielten sie mit der Erwartungshaltung und Kinoerfahrung der Filmbesucher und verführten sie zu Akteuren eines Mitmachkinos, das erst in der Publikumsreaktion seine Wirkung entfaltet und aus passiven Zuschauern aktive Mitspieler macht. Alle drei Filme basierten auf einer einzigen, genialen Grundidee, die mit Witz, Intelligenz und Einfallsreichtum konsequent ins Filmische übertragen wurde

## Kurz-Info: Was 1988 sonst noch geschah

Katarina Witt wird Weltmeisterin im Eiskunstlauf – Die Russen ziehen ab, die Taliban bleiben: Kriegsende in Afghanistan – Irak- und Iran-Krieg beendet – Gentechnik: US-Patent für eine von Wissenschaftlern künstlich erzeugte Maus – Ungarn auf Reformkurs: Regierungschef János Kádár tritt ab, der Reformer Károly Grósz wird sein Nachfolger – Flammeninferno von Ramstein: Flugzeugabsturz in die Zuschauermenge bei Flugzeugschau – Geiseldrama von Gladbeck: Medienrummel um die 54-stündige Geisterfahrt zweier Bankräuber mit ihrer Geisel quer durch die Bundesrepublik – Gorbatschow wird Staatschef der Sowjetunion – Jumbo-Absturz über Lockerbie durch Bombenexplosion – Gestorben: Hal Ashby, John Carradine, Divine, Gert Fröbe, Thomas Bernhard, Franz-Josef Strauss – Kinohits des Jahres: Robert Zemeckis »Falsches Spiel um Roger Rabbit«, Charles Crichton: »Ein Fisch namens Wanda«, Programmkino-Hit: Peter Greenaway »Verschwörung der Frauen« - »filmkunst 66«-Hit:. David Leland »Wich You Were Here« - weitere Premieren: Clint Eastwood »Bird«, Luc Besson »The Big Blue – Im Rausch der Tiefe«, Philip Kaufmann »Die unerträgliche Leichtigkeit des Seins«, Oliver Stone »Wall Street«.

# Kinogeschichte 33

## Die wunderbare Wertvermehrung des Grundstücks Bleibtreustraße 12

Das Kinogrundstück des »filmkunst 66« gehörte einer alten Dame, die noch auf dem Totenbett ihrem Mann, der das Kino 1951 erbaut hatte, versprochen hatte, dass es immer ein Kino bleiben würde. Dieser Treueschwur war die einzige Absicherung meines nur einjährigen Mietvertrages, der dann 22 Jahre gehalten hat. Als ich nicht umhin kam, die nur noch aus Flickwerk bestehende Bestuhlung zu erneuern, gelang es mir erstmals, einen langfristigen Mietvertrag zu erhalten, der für die Abzahlung der Neubestuhlung mit Kosten in Höhe von über 100.000 DM Grundvoraussetzung war.

Einen Tag nachdem ich das unterschriebene Mietdokument in den Händen hielt, rief mich die Besitzerin an und sagte: »Sie können froh sein, dass ich gestern unterschrieben habe. Heute habe ich ein Angebot von einer Million erhalten. Wer weiß, ob ich nicht doch schwach geworden wäre?«

Ein Jahr vor dem Mauerfall unterbreitete einer meiner Stammgäste mir den Vorschlag, wenn es mir gelänge, die Vermieterin zu einem Verkauf des Grundstücks zu bewegen, würde man mir im Kellerbereich ein Kino mit zwei Sälen kostenlos einbauen. Als Architekt handelte er im Auftrag eines Investors, der dort einen größeren Wohn- und Geschäftsblock erbauen wollte. Diese Art langfristiger Zukunftssicherung hörte sich gut an. Eine Summe bis zu drei Millionen DM könne ich als Lockmittel anbieten. Darüber hinaus würde sich das Bauobjekt nicht mehr rechnen. Doch die alte Dame verwies erneut auf ihr Totenbettversprechen und lehnte ab. Drei Jahre nach dem Mauerfall 1989 wurde das Grundstück dann doch verkauft: für über 10 Millionen DM.

Ohne dass sich am Grundstück etwas verändert hätte, wuchs sein Wert von einer auf zehn Millionen DM. Nur die Zeit hatte sich geändert, die politische Landschaft und die Spekulation auf die Zukunft Berlins als Hauptstadt.

## Kurzinfo: Was 1989 sonst noch geschah

Ungarns Reformer öffnen die Grenze zum Westen – Fall der Berliner Mauer, Deutschland wird wiedervereinigt – George Bush wird US-Präsident – Freie Wahlen in der UdSSR – Gorbatschow wird Ministerpräsident – Freie Wahlen in Polen: Der politische Arm der Gewerkschaft »Solidarität« mit Lech Walesa setzt sich durch – Rumäniens Diktator Ceausescu wird gestürzt – Massenpanik im Fußballstadion von Sheffield: 95 Tote – Panzer rollen gegen Pekings Studenten: Auf dem Platz des Himmlischen Friedens sterben 3600 Demonstranten – Gestorben: Ajatollah Chamenei, Irving Berlin, John Cassavetes, Bette Davis, Sergio Leone, Laurence Olivier – Film des Jahres: Steven Soderbergh »Sex, Lügen und Video« - Kinohit des Jahres: Tim Burton »Batman« – Programmkinohit: Giuseppe Tornatore »Cinema Paradiso« - »filmkunst 66«-Hit: Sooni Taraporeata »Salam Bombay« - weitere Premieren: Spike Lee »Do the Right Thing«, Peter Greenaway »Der Koch, der Dieb, der Liebhaber und seine Frau«, David Zucker »Die nackte Kanone«, Barry Levinson »Rain Men«, Stephen Frears »Gefährliche Liebschaften", Bruno Nuytten »Camille Claudel", Pedro Almodóvar »Frauen am Rand des Nervenzusammenbruchs«, Ching Siu-tung »A Chinese Ghost Story«.

Das ehemalige »Capri«-Kino, aus dem das »filmkunst 66« wurde

# Kinogeschichte 34

## Die Dame mit dem Hündchen

So heißt ein wunderschön-trauriger russischer Film nach einer Erzählung von Anton Tschechow, der mir in seiner ergreifenden Schönheit im Gedächtnis geblieben ist, ebenso wie eine ganz andere Dame mit einer mir neuartigen Hunderasse im Gefolge. Damen mit Hündchen (und auch Herren) können ins »filmkunst 66« gehen, wenn drei Kriterien erfüllt sind:

- Der Kinosaal ist nicht ausverkauft.
- Der Hund ist ruhig, ist angeleint und spaziert nicht durch den Saal.
- Im Film selbst taucht kein Hund auf, dessen Gebell von der Leinwand her unvermeidlich eine Hundeantwort im Saal hervorrufen würde.

Jene Dame mit Hund, die eines Abends zur Spätvorstellung ins Kino trippelte, brauchte keine dieser Kriterien zu erfüllen, führte sie doch in einem Outfit von pechschwarzer Domina-Dominanz einen gut gekleideten, älteren Herrn in Anzug und Krawatte mit einer um den Hals gelegten Hundekette ins Kino. Ein Anblick, als sei dieses Paar Loriots gezeichneten Hundemenschen entsprungen. Sofort nach Beginn des Films kam meine Frau Rosemarie, die an jenem Tag Kasse machte, zu mir und fragte, ob ich auch dieses seltsame Paar bemerkt hatte. Klar, das war ja nicht zu übersehen. »Aber das Schärfste kommt ja noch«, erwiderte ich ihr.

Bevor der Film startete, sah ich den Mann neben der Dame flach mit dem Gesicht nach unten auf dem Boden liegen und auf meine besorgte Frage, was denn mit dem Mann sei, ob ihm vielleicht schlecht geworden sei, ob ich denn helfen könne, erwiderte die Dame in cooler Selbstverständlichkeit:

»Das ist vollkommen in Ordnung. Das ist immer sein Platz im Kino.«

Jahre später entdeckte ich in einem Kunstbuch ein Foto des österreichischen Aktionskünstlers Peter Weibel, der an einem Halsband geführt auf Knien seiner Muse Valie Export auf den Straßen Wiens hinterher rutscht. Doch mit dieser Kunstaktion des Undergroundkünstlers Weibel mit seiner Agentin konzeptioneller Weiblichkeit, die die Entfremdung des Menschen – der Mann am Gängelband der Frau – im Formgewand der Zoologie zeigte, hatten meine Kinogäste gewiss nichts tu tun.

## Kurz-Info: Was 1990 sonst noch geschah

Mit der Freilassung von Nelson Mandela ist das Ende der Apartheid in Südafrika besiegelt – Siemens übernimmt die Computerfirma Nixdorf – Attentat auf Lafontaine – Erste und letzte freie Wahlen in der DDR – Mit Namibia wird die letzte afrikanische Kolonie unabhängig – Litauen erklärt sich als erste Sowjetrepublik unabhängig – Boris Jelzin wird Präsident der UdSSR – Erste freie Wahlen in der Tschechoslowakei: Václaf Havel wird Präsident – Die deutsche Fußballnationalmannschaft wird Weltmeister – Irak überfällt Kuwait – Am 3. Oktober werden West- und Ostdeutschland wiedervereint – Kohl gewinnt die Bundestagswahl – Lech Walsa wird Präsident in Polen – Gestorben: Sammy Davis jr., Greta Garbo, Ava Gardner, Paulette Godard, Barbara Stanwyck, Martin Ritt – Kinohit des Jahres: Garry Marshall »Pretty Women« - Programmkinohit: David Lynch »Wild At Heart« - filmkunst 66«-Hit: Gus van Sant »Drugstore Cowboy« - weitere Premieren: Martin Scorsese »Good Fellas«, Jerry Zucker »Ghost - Nachricht von Sam«, Bernardo Bertolucci »Der Himmel über der Wüste«, Peter Weir »Club der toten Dichter«, Bruce Beresford »Miss Daisy und ihr Chauffeur«, Steve Kloves »Die fabelhaften Bakerboys«, Emir Kusturica »Time of the Gypsies«.

# Kinogeschichte 35

## Weltstars im »filmkunst 66«: Dennis Hopper

Ein Krieg musste entfesselt werden, damit Dennis Hopper ins »filmkunst 66« kam. Zur Deutschland-Premiere seines Films »The Hot Spot« sollte er ursprünglich bei »Wetten dass…?« auftreten, doch aus Pietätsgründen wurde die Sendung abgesagt. Aber da er nun einmal in Deutschland war, nutzte der Verleih seine Präsenz und schickte ihn ohne irgendwelche Vorwarnung zu mir ins Kino.

Welch ein Glück, dass »The Hot Spot« ausverkauft war. Besonders Hopper selbst war begeistert, denn »The Hot Spot« war in Amerika ein Totalflop. Erstmals lief sein Film vor vollem Haus. Am meisten staunte er über die alten Filme von ihm, die im Spätprogramm in

Dennis Hopper und die Stadlers

einer Sonderreihe liefen. »Ich wusste gar nicht, dass es diese Filme überhaupt noch gibt«, meinte er verblüfft und hoch erfreut zu mir,

»Da muss ich nach Deutschland kommen, um meine eigenen Filme zu sehen.« Und ich entgegnete ihm nicht ohne Selbstbewusstsein:
» Ja, das müssen Sie wohl.«
Es war desillusionierend, dem legendären Drogenrebell und Aussteiger-Antihelden der Flower & Power-Ära, der mit seinem »Easy Rider«-Spruch »Morgens ein Joint und der Tag ist dein Freund« eine ganze Generation geprägt hatte, Jahrzehnte nach dieser Zeit im bürgerlichen Outfit von Anzug und Krawatte zu begegnen.

Als ich ihm erzählte, dass er Schuld daran trägt, dass ich dieses Kino betreibe, erwiderte er nur lässig: »Dann hat mein Film ja doch was Gutes bewirkt.«

**Kurzinfo: Was 1991 sonst noch geschah**
Erster Golfkrieg gegen den irakischen Diktator Saddam Hussein – RAF-Attentat auf den Vorsitzenden der Treuhandanstalt Karsten Rohwedder – George Busch unterzeichnet mit Gorbatschow Abrüstungsvertrag – Jelzin stürzt Gorbatschow – Ende des Warschauer Paktes – Auflösung der Sowjetunion – Bundestag beschließt Umzug nach Berlin-Fremdenhasskrawalle in Hoyerswerda – Gestorben: Frank Capra, Klaus Kinski, Yes Montand, Tony Richardson, Don Siegel – Erste Multipex-Kinos in Deutschland – Film des Jahres: Kevin Costner »Der mit dem Wolf tanzt« - Kinohit des Jahres: Jonathan Demme »Das Schweigen der Lämmer« - Programmkino-Hit: Jean-Pierre Jeunet »Delikatessen«.- »filmkunst 66«-Hit: Dennis Hopper »The Hot Spot« - weitere Premieren: Oliver Stone »J.F.K. – Tatort Dallas«, Ridley Scott »Thelma und Louise«, Joel & Ethan Coen »Barton Fink«, Gus van Sant »My Private Idaho«, Fred Schepisi »Das Russlandhaus«, Patrice Leconte »Der Mann der Friseuse«, Jim Jarmush »Night on Earth«, Terry Gilliam »König der Fischer«, Krystztof Kieslowski »Die zwei Leben der Veronika«.

# Kinogeschichte 36

## Kleine Lektion über die Allmacht von Kinokonzernen

Schon lange vor der Berlinale-Aufführung des Lawrence Kasdan-Films »Grand Canyon«, der zuvor so exzellente Filme wie die Film Noir-Romanze »Heißblütig - kaltblütig« und das Generationsporträt »Der große Frust« geschaffen hatte, hatte ich mir seinen neuen Film für das »filmkunst 66« gesichert. Dass der Film den »Goldenen Bären« als bester Film bekam, wurde mein Verhängnis.

Gleich nach Berlinale-Schluss rief mich der Filmverleiher am Montag frühmorgens an und verkündete mir die traurige Botschaft, leider könne er mir den Film nicht ausliefern. Heinz Riech (Deutschlands Kinokönig und Erfinder der Schachtelkinos) bestehe darauf, den Film konkurrenzlos allein am Ku'damm zu spielen. Als ich wütend auf die Auslieferung bestand und damit drohte, die Kopie mir per gerichtlichen Beschluss aus dem Filmlager zu holen, entgegnete mir der Berliner Filialleiter ungerührt, ich solle mir mal meine Terminbestätigung anschauen, auf der ein Stempel steht mit dem Zusatz: »Vorbehaltlich der Zustimmung der Zentrale«. Die Verleihzentrale habe die Zustimmung zurückgezogen. Morgen bekomme ich das auch schriftlich.

Also hatte ich am Starttag keine Filmkopie, alarmierte die Presse und schloss das Kino. Der Pressewirbel, den die Kinoschließung nach sich zog, war dem Verleih dann doch unangenehm und am Montag früh stand die Filmkopie »Grand Canyon« im Kino. Diese Episode wirft ein bezeichnendes Schlaglicht auf die Art eines nur auf die Macht der Kinokonzerne gegründeten Konkurrenzkampfes, mit dem sich die Platzhirsche in allen größeren Städten Deutschlands eines neuen und unangenehmen, weil erfolgreichen, Kinotyps entledigen wollten.

So sehr sich auch die Kino-Szene im Lauf der Jahrzehnte verändert hat, für das »filmkunst 66« ist der Kampf um die Filme immer gleich geblieben. Waren es früher die großen Ku'dammkinos, als es sie noch gab, die mir die Filme wegnahmen, so haben sich heute in den Reihen der Programmkinos ebenfalls Kinogruppierungen gebildet, die mich von den Filmkunst-Hits abschneiden, welche man eigentlich braucht, um das Risiko geschäftlich schwieriger Filme auszugleichen. Mir blieben nur die Risikofilme und die Chance mit meiner Spürnase immer wieder neue, unbekannte Filme zu entdecken und für sie ein Publikum zu gewinnen.

Es gehört zum Reiz des Filmgeschäfts, dass Erfolg nicht immer planbar ist und sich Filme zu Besucherhits entwickeln können, von denen man dieses gar nicht erwartet hatte. So habe ich 39 Jahre lang überlebt.

**Kurzinfo: Was 1992 sonst noch geschah:**
Die Auflösung Jugoslawiens in Einzelstaaten führt zu Kämpfen und ethnischen Säuberungen auf dem Balkan – Nelson Mandela leitet das Ende der Apartheid in Südafrika ein – Fremdenhasskrawalle in Rostock und Brandanschlag auf ein Asylantenheim in Mölln – Bill Clinton wird US-Präsident – Erster Klimagipfel in Rio – Tödliches Attentat auf den Mafia-Jäger Giovanni Falcone – Gestorben: Jack Arnold, Marlene Dietrich, Anthony Perkins, Hal Roach, John Sturges – »Grand Canyon« gewinnt den »Goldenen Bär« als bester Film der Berlinale – Kinohit des Jahres: Paul Verhoeven »Basis Instinct«, Deutscher Filmhit: Helmut Dietel »Schtonk« - Programmkino-Hit: Robert Altman »The Player«, »filmkunst 66«-Hit: Baz Luhrman »Strictly Ballroom« – Weitere Premieren: Clint Eastwod »Erbarmungslos«,. John Avnet »Grüne Tomaten«, Zhang Yimou »Rote Laterne«.

# Meine 3 Kinoabenteuer:
# Der blinde Vorführer –
# Filmbühne am Steinplatz

Die »Filmbühne am Steinplatz« war das erste Filmkunsttheater in Deutschland. So war es mir schon eine Verpflichtung, das Kino zu übernehmen, als es mir Ende der 70er Jahre angeboten wurde. Das hohe, filmhistorisch betrachtet biblische Alter des Kinos spiegelte sich leider auch in der Gesamtausstattung nieder: Bestuhlung, Leinwand, die gesamte Kinotechnik. Personales Relikt war ein älterer, halbblinder Vorführer, der sich mit Hilfe einer Brille durch das Leben tastete, deren Glasdicke mit der Durchschnittsgröße einer tragfähigen Eisscholle korrespondierte. Um ein Mindestmaß an Bildschärfe sicherzustellen, hatte er in die Einstellungsregelung der Bildschärfe drei Kerben eingeritzt, die er nicht mit Augenmaß, sondern mit Fingerspitzengefühl bediente: eine Kerbe für Schwarzweißfilm, eine für Farbe und eine für Cinemascope.

Diese unhaltbaren Zustände musste ich erst einmal abändern und habe 50.000 DM in eine Grundrenovierung des Kinos und des angegliederten kleinen Cafés gesteckt. Die strategisch günstige Lage des Kinos direkt gegenüber dem Campus der Technischen Universität war die ideale Voraussetzung, um mich in Programmreihen und Filmfestivals auszutoben. Doch die Herrlichkeit dauerte nicht lange. 1980 wurde das Grundstück verkauft und der neue Besitzer erfüllte umgehend die erste kaufmännische Sorgfaltspflicht eines jeden Investors: Er erhöhte ohne falsche Bescheidenheit die Miete. Bei dieser unbezahlbaren Miete war ich draußen und ein deutscher Filmregisseur drinnen, der mit der hehren Absicht antrat, die »Filmbühne am Steinplatz« mit einem rein deutschen Filmprogramm zum Tempel deutscher Filmkunst zu veredeln.

Dass das nicht funktionieren würde, hätte ich ihm gleich sagen können. Hätte er aber nicht geglaubt. Glaubte er erst, als er nach einem Jahr nicht mehr die Miete bezahlen konnte. Ebenso wenig wie seine beiden Nachfolger.

Seit 1980 breitet sich dort ein großes Restaurant aus und nur noch die Leuchtschrift »Filmbühne am Steinplatz« erinnert daran, dass sich einst hier das erste Filmkunsttheater Deutschlands befand.

## Kurzinfo - Was 1980 sonst noch geschah

Afghanen im Widerstand gegen russischen Einmarsch – Iran: Desaster bei Geiselbefreiung in der US-Botschaft in Teheran – Beim Gottesdienst wird der regimekritische Bischof Oscar Arnulfo Romero von rechten Terroristen getötet – Jugoslawiens Staatschef Tito stirbt – Polen im Wandel: Lech Walesa gründet die Gewerkschaft »Solidarität« – Rechtsradikale Bombenanschläge auf dem Hauptbahnhof von Bologna und dem Münchner Oktoberfest – Iran und Irak im Krieg um die Vorherrschaft am Golf – St. Gotthard Tunnel eröffnet, mit 16.3 km der längste Tunnel der Welt – Sozialliberale Koalition gewinnt mit Bundeskanzler Schmidt die Bundestagswahl – Gestorben: John Lennon, Lil Dagover, Helmut Käutner, Peter Sellers, Willi Forst, Alfred Hitchcock, Steve McQueen, Mae West – Kinohit des Jahres: Robert Benton »Kramer gegen Kramer« - Programmkino-Hit: Peter F. Bringmann »Theo gegen den Rest der Welt« - »filmkunst 66«-Hit: John Landis »Kentucky Fried Movie« - Weitere Premieren: Jim Abraham & Jerry Zucker »Die unglaubliche Reise in einem verrückten Flugzeug«, John Cassavetes »Gloria die Gangsterbraut«, Francois Truffaut »Die letzte Metro«, Akira Kurosawa »Kagemusha«.

# Kinogeschichte 38

## Meine drei Kinoabenteuer: »Graffiti« oder die Miethaie des Bundes

1984 trat der Bezirk Wilmersdorf an mich heran, um ein lange geschlossenes Kino am Ludwig-Kirch-Platz wieder zu aktivieren, das seit Jahren ungenutzt auf staatlichem Grund und Boden stand. In der Kombination von Kneipe und Kino sollte es wieder zum Leben erwachen. Da die Miete günstig erschien, habe ich zugegriffen: der neue Versuch eines zweiten Kinostandbeins.

Beim Abschluss des Mietvertrages waren die zeitliche Festsetzung und die Erhöhungsmöglichkeit der Miete ein langer Diskussionspunkt. Mein Fehler staatstragender Gutgläubigkeit war es, dass ich mich einlullen ließ von der vollmundigen Versicherung des Staatsbediensteten: »Aber Herr Stadler, bei uns brauchen Sie doch keine Angst zu haben. Wir sind doch der Staat und keine Miethaie. Wir wollen doch nur Ihr Bestes.« Zumindest in diesem Punkt war er ehrlich. Der Staat wollte mein Bestes: mein Geld. Denn bei der ersten zeitlichen Möglichkeit wurde die Miete kräftig erhöht.

Bis zur höchsten Stelle der staatlichen Verantwortung, dem Finanzminister, wurde ich anstellig, um mein naives Vertrauen in staatliche Zusagen wieder herzustellen. Aber stets wurde ich mit der Begründung abgewiesen, es sei ganz im Staatsauftrag des Allgemeinwohls, die Miethöhe zu nehmen, die der Markt hergibt. Die Förderung des Kulturbetriebs sei nicht Aufgabe des staatlichen Vermögensamts. 1995 habe ich mich vom »Graffiti« trennen müssen und auch mein Nachfolger gab es zwei Jahre später wieder auf.

Und so hat der Staat in seiner Umsicht dafür gesorgt, dass einem Kino, dessen Wiederauferstehung er selbst initiiert hatte, die wirtschaftliche Existenzfähigkeit genommen wurde und so wieder einmal ein Stück Kinokultur verschwand.

## Kurz-Info: Was 1997 sonst noch geschah

Helmut Kohl und Václav Havel unterzeichnen deutsch-tschechischen Aussöhnungsver-
trag – Elitesoldaten der peruanischen Armee beenden nach 126 Tagen das Geiseldrama
in besetzter japanischer Botschaft – Steuerskandal um Vater von Steffi Graf – Tony Blair
gewinnt Wahl in England – Unfalltod von Lady Di – Oder-Hochwasser in Brandenburg –
Hongkong fällt an China – Finanzkrise in Asien – Blutbad islamischer Fundamentalisten
an Touristen in Ägypten – Gestorben: Fred Zinnemann, Robert Mitchum, James Stewart,
Sam Fuller, Juzi Itamo, Toshiro Mifune, Mutter Theresa, Harold Robbins – Kinohit des
Jahres: Barry Sonnenfeld »Men in Black«, Programmkino-Hit: Bille August »Fräulein
Smillas Gespür für Schnee«, »filmkunst 66«-Hit: Curtis Hanson »L.A. Confidential« –
weitere Premieren: Mel Smith »Bean«, Thomas Jahn »Knocking on Heaven's Door«,
Baz Luhrmann »Romeo und Julia«, James Woo »Im Körper des Feindes«, Wolfgang
Becker »Das Leben ist eine Baustelle«, Helmut Dietl »Rossini«.

## Meine drei Kinoabenteuer :
## »Tivoli«, wo das Kino erfunden wurde

Nach der Wende wurden die staatlichen DDR-Kinos von der Treuhandanstalt an die Westberliner Kinobesitzer verteilt. Mir wurde
1993 das »Tivoli« in Pankow angeboten. Mit diesem Kino bekam ich
intime Einblicke, wie das DDR-Leben so funktioniert hat. An der
Bürowand hing noch der Sollplan über die zu erzielenden Jahresbe-
sucherzahlen. Es waren Traumzahlen, die mich neidisch werden ließen. Später erfuhr ich, wie das ostdeutsche Kinobesucherwunder
zustande kam. Wenn es knapp wurde mit den Kinozuschauern, wurden eben vier Kinderkarten für 50 Pfennig verkauft statt einer Er-
wachsenenkarte für zwei Mark. Und schon war das Plansoll erfüllt.
    Das ganze Kino war im Farbstil der typischen DDR-Grundfarben
gehalten: dunkles Grün, schummriges Gelb, kackiges Braun. Eine
Farbskala, in der freundlich und hell leuchtende Farben das trübe
Einerlei nicht störten und so das triste Lebensgefühl des DDR-
Alltags perfekt widerzuspiegeln schienen. Nachdem ich die Hälfte
der defekten Kinolampen – vielleicht gab es da einen Lieferungseng-
pass oder der Lampenauswechslungszeitplan war noch nicht erfüllt –
erneuern ließ, machte ich mich daran, die Kohleheizung auf normale
Betriebstemperaturen zu bringen.
    Der erste Grund für die fehlende Grundwärme lag daran, dass der
Heizer mit Betriebsbeginn des Kinos seine Wirkungsstätte verließ.
Spätestens mit Beginn der Abendvorstellung war die letzte Ofenfül-
lung ausgeglüht. Schließlich war der Heizer dafür angestellt, dass es
die Büroangestellten des Kinos tagsüber schön warm hatten: der
Theaterleiter, die Buchhalterin, der Disponent, der Personalleiter, die
Sekretärin. Die Kinobesucher, von deren Kinokartenerlös ein Kino
eigentlich lebt, konnten ja abends frieren.
    Und noch ein zweites Defizit steigerte die Möglichkeiten der Wär-
meverhinderung. Im Heizungskeller dampfte einer der beiden Öfen
still vor sich dahin, ohne auch nur ein Grad Wärme abzugeben. Die

Riegel, mit denen die Wärmezufuhr geregelt wurde, waren seit Jahren zugerostet und somit nicht regulierbar. Es war eine Stunde Arbeit, das zu beheben.

Die Kassiererin meinte dankbar zu mir: »Ich verstehe das nicht. Ich arbeite jetzt 30 Jahre hier im Kino. Und 30 Jahre lang haben ich und das Publikum abends gefroren. Sie sind eine Woche hier. Und keiner friert mehr. Können Sie das erklären?« Ich konnte. Diese Grundsatzdiskussion über Kapitalismus und Kommunismus endete in den Tränen der Kassiererin, die schluchzte: »Aber es kann doch nicht alles falsch gewesen sein in den 40 Jahren, in denen wir so gelebt haben.«

Als dann plötzlich und überraschend eine Grundstückserbin auftauchte, war auch das Ende des »Tivoli« vorgezeichnet. Die versteigerte das Grundstück mit einer geschickten PR-Action, um den Wert der Immobilie zu steigern, wehte doch der Geist der Filmgeschichte durch die heiligen Filmkunsthallen des »Tivoli«. Vor bald 100 Jahren hatten die Brüder Skladanowsky das Kino erfunden. Eben dort, wo das »Tivoli« stand, drehten sie die ersten Filme der Kinogeschichte mit so neckischen Titeln wie »Das boxende Känguru« oder »Fliegenjagd« und führten sie dort auch intern vor, bevor diese am 1. November 1895 im Berliner »Wintergarten« als Weltsensation der ersten öffentlichen Filmvorführung präsentiert wurden; zwei Monate vor der ersten öffentlichen Filmvorführung der Brüder Lumière in Paris. Nur weil sich das noch heute gebräuchliche Projektionssystem Lumières weltweit durchgesetzt hat, gilt nicht Skladanowsky, sondern Lumière als Erfinder des Kinos.

Ein Heer von Fotografen, Journalisten und Kameramännern tauchte bei der Versteigerung auf. Und noch an gleichem Abend gab es TV-Berichte in der »Berliner Abendschau«, in den »Tagesthemen« und in der »Heute«-Sendung über die historische Kinostätte und deren neue Besitzerin, die dort ein Multiplex vom Feinsten errichten wollte. Für die Umsetzung dieses Vorhabens kam nur Deutschlands bekanntester Architekt in Frage: Meinhard von Gerkan, der dann später den Berliner Hauptbahnhof bauen sollte. Mehrere Male bin ich zum Elbufer-Imperium des Architekten nach Hamburg gefahren, um die genialen architektonischen Pläne mit der nüchternen Funktionalität eines Kinobetriebs in Einklang zu bringen. Alles umsonst. Denn auf einmal bekam die Besitzerin kalte Füße und hat das ganze

Projekt abgesagt. 1994 wurde das Kino geschlossen. Heute erinnert nur noch ein kleines Schild an die filmische Vergangenheit eines Ortes, der als Geburtsstätte des Kinos gilt.

Filmbühne am Steinplatz, Graffiti, Tivoli: Drei gescheiterte Kinoabenteuer. Wird das neue Kinoabenteuer »filmkunst 66« gut gehen?

**Kurzinfo: Was 1994 sonst noch geschah**
Völkermord in Uganda: Hutu-Soldaten töten eine Million Tutsis – Erste freie Wahlen in Kasachstan – Silvio Berlusconi kommt an die Macht – Russen marschieren in Tschetschenien ein – Der Eurotunnel zwischen Frankreich und England wird eröffnet – Gründung der Deutschen Bahn AG – Schumacher wird Formel 1-Weltmeister – Untergang der Schiffsfähre »Estonia« mit 912 Toten – Gestorben: Telly Savalas, Joseph Cotten, Heinz Rühmann, Fernando Rey, Kurt Cobain, Eugène Ionesco, Charles Bukowski, Melina Mercouri, Erich Honecker – Film des Jahres: Steven Spielberg »Schindlers Liste«, Deutscher Kinohit: »Der bewegte Mann« - Kinohits des Jahres: Robert Zemeckis »Forrest Gump«, Mike Newell »Vier Hochzeiten und ein Todesfall« - Programmkino-Hit: Quentin Tarantino »Pulp Fiction« - »filmkunst 66«-Hit: Peter Jackson »Heavenly Creatures«, weitere Premieren: Disney »König der Löwen«, Krzysztof Kieslowski »Drei Farben: Rot«, Robert Altman: »Short Cuts«.

# Kinogeschichte 40

## Macht und Ohnmacht der Baulöwen

Mit den Schlagzeilen »Das Ende einer Kino-Legende« und »Abschied von einer Institution« begleitete die Berliner Presse den Abriss des Kinos »filmkunst 66«, dessen Krater auch mir ein Loch ins Herz riss. Es sah auch gar nicht nach einem Neuanfang des Kinos im Neubau aus, schwebte doch die vom neuen Besitzer des Kinogrundstücks verlangte Miete in unbezahlbaren Höhensphären. Als jedoch das zuständige Bauamt die eingereichten Neubaupläne ablehnte und dem Bauherrn signalisierte, er könne bauen, was er wolle, wenn nur der Weiterbetrieb des Kinos zu einer rentablen Miete gesichert sei, wurde mir klar, dass die Kommunalbehörden doch nicht ohne Einfluss auf das sind, was die Baulöwen so alles anrichten. Leider habe ich zu spät erfahren, in welchem Maße der Neubau vom Kino abhing, sonst hätte ich gewiss eine niedrigere Miete aushandeln können. Erst nach der Bauabnahme bekam ich als Mitbauherr des Innenausbaus das Bauprotokoll zu Gesicht, in dem ich nachlesen konnte, dass mit der Zusicherung des Kinoneubaus um ein Vielfaches höher und größer gebaut werden durfte.

Es war ein gutes Omen, dass der Architekt mich anrief mit der Bitte, ich solle ihm helfen, er habe noch nie ein Kino gebaut. Das waren die besten Voraussetzungen für eine gute Zusammenarbeit, um auf engstem Raum die Kinoplanung optimal auszugestalten. Doch die schnöde Realität machte dem schönen Bauplänen einen Strich durch die Rechnung, mit der ich dem modernen Kinostandard der Multiplexe Rechnung tragen wollte. Als der Aushub der Baugrube bei 5.50 Meter angelangt war, drohte das Haus nebenan einzustürzen. Risse zogen sich quer über die ganze Außenfront, durch Holzpfeiler musste das ganze Gebäude abgestützt werden. Da konnte ich die großzügige Höhenabstufung der Kinoreihen, die 7.50 Meter in die Tiefe reichen sollte, vergessen. Ich wusste ja, dass die Multiplexe mit ihren großen und hohen Sälen, Riesenleinwänden, ihrer Sitzplatzaufstufung und ihren großzügigen Reihenabständen kommen würden.

Dass es dann so viele werden würden, wusste ich nicht. Und ebenso wenig ahnte ich, dass sie im Freigehege der Filmkunst wildern würden, um mich meiner Kinogäste zu berauben.

## Kurzinfo: Was 1993 sonst noch geschah

Die CSSR« trennt sich in die beiden Staaten Tschechische und der Slowakische Republik auf – Islamischer Bombenanschlag auf das World Trade Center – Blutiges Sektendrama im texanischen Waco: 80 Sektenanhänger sterben im Flammeninferno – Jelzin schlägt in Moskau Putsch nieder – Israel gewährt den Palästinensern Selbstverwaltung im Gazastreifen und in Jericho – Henry Maske macht Boxen salonfähig – Gestorben: Eddie Constantine, Federico Fellini, Audrey Hepburn, River Phoenix, Joseph L. Mankiewicz – Kinohit des Jahres: Stephen Spielberg »Jurassic Park", Programmkino-Hit: Jane Champion »Das Piano« - »filmkunst 66«-Hit: »The Best of Tex Avery« – weitere Premieren: Harold Ramis »Und täglich stirbt das Murmeltier«, Krzystof Kieslowski »Drei Farben: Blau«, Chen Kaige »Lebwohl Konkubine«, Detlev Buck »Wir können auch anders«, Sally Potter »Orlando«.

Das alte „filmkunst 66"

# Kinogeschichte 41

## Mein Lieblingsfeind

Pünktlich mit einem halben Jahr Verspätung konnte das neue Kino mit zwei Sälen mit je 200 und 100 Sitzplätzen Mitte August 1995 eröffnet werden. Das neue Kino hatte nichts mehr vom Gammellook des alten »filmkunst 66«. Es war hochmodern mit allen Technikfinessen automatischer Filmvorführung ausgestattet. Nur mit der vollautomatischen Klimaanlage führte ich eine jahrzehntelange Privatfehde.

Für den alten Kinosaal gab es nur eine Lüftung, die im Sommer die warme Luft von draußen in den Saal pustete und je nach der Höhe der Besucherzahlen, manuell geregelt, mehr oder weniger Frischluft zuführte.

Das neue »filmkunst 66«

Den Lüftungsluxus der Klimaanlage habe ich exzessiv nach amerikanischem Luftkühlungsvorbild ausgenützt mit dem Endergebnis, dass ich nach der ersten jährlichen Stromabrechnung 10.000 DM nachzahlen durfte. Der herbei zitierte Fachmann des Stromlieferanten zeigte mir anhand der Stromzähler die teuren Spitzenwerte des vergangenen Sommers und gab mir den Rat, nicht stur die empfohlenen 23 Grad Grundtemperatur einzublasen, sondern speziell zur warmen Jahreszeit die Lüftung individuell den Außentemperaturen anzugleichen: immer 3 Grad weniger als die Außentemperatur. Wenn es draußen 30 Grad heiß ist, werden jene 23 Grad Saaltemperatur, die im Winter als wohlig warm gelten werden, als zu kalt empfunden, während warme 27 Grad dem Besucher angenehm kühl erscheinen. Es ist alles relativ, besonders die Lufttemperatur.

Doch das war nur die erste Lehrstunde in Sachen Klimaanlage und deren Beherrschung. Je ausgereifter und komplizierter die Technik, desto häufiger geht sie auch kaputt. Das gilt besonders für eine vollautomatische Klimaanlage mit ihrer nicht einsehbaren Computersteuerung, bei der in einer kein Ausstattungsdetail auslassender Reihenfolge alles kaputt ging, was kaputt gehen kann: die Volumenstromregler, die das Lüftungsvolumen je nach Besucherbelegung der beiden Säle vollautomatisch steuern oder steuern sollen, der Temperaturmesser, der automatisch die eingestellte Saaltemperatur regelt und plötzlich ungefragt auf 37 Grad erhitzt, die Brandfallschaltung, die ohne jeglichen Grund in Bereitstellung geht und ohne Vorwarnung mit der überfallartigen Plötzlichkeit eines unerbetenen Migräneanfalls und der Lautstärke eines startenden Jumbojets die Luft mit Sturmstärke 9 durch den Kinosaal wirbelt; Drähte, die sich lösen, Relais, die ausfallen, Kontakte, die wackeln, Schrauben, die sich lockern und die Lüftung verrückt spielen lassen. Grundsätzlich geschieht dies nur am Wochenende, am liebsten, wenn das Kino ausverkauft ist, der Notfalldienst der Lüftungsfirma schwer erreichbar ist und sowieso erst kommen kann, wenn alle Vorstellungen beendet sind.

Als die Klimaanlage wieder einmal ihr Störpotenzial offenbarte, indem die Temperaturzufuhr nicht mehr zu regulieren war und die Besucher in den unerwünschten Genuss eines Saunaerlebnisses kamen, zuckte der herbeigerufene Notdienst mit der professionellen Routine des perfekt ausgebildeten und hoch bezahlten Facharbeiters bedauernd die Achseln und schockte mich mit der Auskunft, da könne er heute gar nichts mehr machen, er müsse erst einen Ersatzthermostaten aus Frankfurt ordern. Glücklicherweise stammte unser Filmvorführer aus der DDR, wo der Beruf des Vorführers ein Lehrberuf mit dreijähriger Kinotechnikausbildung und abschließender Prüfung war im Gegensatz zu der in Westdeutschland gebräuchlichen Vorführergrundausbildung im Rahmen eines fünftägigen Crashkurses. Mit seinem Grundwissen über das Funktionieren eines Heizungskreislaufs und dem sechsten Sinn des Ex-DDRlers für unorthodoxe Lösungen, die in einem Staat, in dem der Mangel ein Pfeiler des Systems und die Bastelarbeit von Ersatzlösungen Überlebensprinzip war, fand er die Rettung. In das kreisrunde Loch, das der defekte Thermostat hinterlassen hatte, fügte er Millimeter genau passende Geldmünzen ein, die den Warmwasserzufluss minimierten und so die Saaltemperatur reduzierten. In diesen Tagen des Übergangs bis zum Eintreffen des Ersatzteils regulierten finanzielle Transaktionen die Klimaanlage: 6 Mark Lagergebühr kostete eine ausverkaufte Vorstellung, 2 Mark ein schwach besetzter Kinosaal.

Noch am gleichen Abend wurden wir erneut Opfer der Technik, als wir mit dem Fahrstuhl in unser Büro hochfahren wollten. Doch abrupt nachdem meine Frau den Fahrstuhl betreten hatte, schloss sich direkt vor mir die Fahrschultür, war weder von innen noch von außen per Knopfdruck zu öffnen. Die Tür blieb zu und der Fahrstuhl setzte seine Verweigerungshaltung durch Nichtausübung jener Grundbestimmung fort, für die er einst geschaffen worden war. Es tat sich gar nichts mehr. Da die Fahrstuhltür sich nicht ganz geschlossen hatte, was wohl der Grund des totalen Stillstands war, sorgte ein schmaler Spalt für dauerhafte Luftzufuhr, sodass keine Erstickungsgefahr drohte, bevor der benachrichtigte Stördienst anrückte. Als meine Frau mir zurief, ich möchte ihr den Spiegel durchreichen, fixierten mich die sich neugierig um den Fahrstuhlschacht versammelnden Hausbewohner mit jenem spöttischen Lächeln, das Männern eigen ist, wenn sie sich über weibliche Verhaltensweisen mokieren: typisch Frau, auch im Notfall nichts anderes im Kopf als die Frisur und das Make-Up. Wenn ich nun die Information nachreiche, dass der Tag des Geschehens ein Montag war, dann werden Spiegel-Leser ahnen, dass mit der Bitte meiner Frau nicht die glänzende Resonanzfläche menschlicher Schönheitsüberprüfung gemeint war, sondern jenes bekannte Politmagazin, das ich aus dem Briefkasten geholt hatte. Da wurde weibliche Eitelkeit vermutet. wo in Wirklichkeit an zeitvertreibendes Lesebedürfnis gedacht war.

## Kurzinfo: Was 1995 sonst noch geschah

Erdbeben in Japan – Rechtsradikales Bombenattentat in Oklahoma-City – Erste Proteste gegen Atommülltransporte nach Gorleben – Giftgasanschlag einer Sekte in Tokioer U-Bahn – Christo verpackt den Reichstag – Chaostag: 1700 Punker mischen Hannover auf – Balkan-Krieg: NATO-Luftangriffe gegen die bosnischen Serben zur Verteidigung Kroatiens. Dayton-Abkommen beendet mit dem Friedensschluss zwischen Bosnien, Kroatien und Bosnien-Herzegowina den Balkankrieg – Attentat auf den israelischen Ministerpräsidenten Yitzhak Rabin – Gestorben: Patricia Highsmith, Ginger Rogers, Miklas Rosza, Louis Malle, Dean Martin, Fritz Freleng, Burl Ives – Kinohit des Jahres: Mel Gibson: »Braveheart« - Programmkino-Hit: Wayne Wang »Smoke« - »filmkunst 66«-Hit: Rainer Matzutani »Nur über meine Leiche« - weitere Premieren: David Fincher »Seven«, Peter Jackson »Heavenly Creatures«, Richard Linklater »Before Sunrise«, Tim Burton »Ed Wood«, Woody Allen »Bullets on Broadway«.

# Kinogeschichte 42

## Liebeserklärung an meinen Lieblingsfilm

Eine mir immer wieder gern gestellte Frage lautet: »Welche Film-DVD würden Sie auf eine einsame Insel mitnehmen?«

Und ich antworte dann spontan: »Eine? Hundert!«

Doch bei längerem Nachdenken über diese Frage kristallisiert sich ein Film heraus, der sich als makelloses Meisterwerk turmhoch über allem erhebt, was je gedreht wurde und was je gedreht werden wird. Und das ist nicht »Citizen Kane« oder »Casablanca«, sondern »Die Kinder des Olymp«, gedreht vom Altmeister des französischen Films, Marcel Carné, mit der ersten Darstellerriege jener Zeit: Jean-Louis Barrault, Claude Brasseur, Arletty, Maria Césares. Kein Film hat eine so große Bedeutung für das »filmkunst 66«, war doch »Kinder des Olymp« der Film, mit dem das ehemalige »Capri«-Kino als Filmkunsttheater neu eröffnet wurde im Jahr 1966, weshalb es auch so heißt.

Wenn ich nun 30 Jahre später den Film wieder ins Programm nehme, hat er nichts von seiner alle Zeiten überdauernden Faszination verloren: ein Film, der wie jedes ewig gültige Kunstwerk nicht altert, ewig gültig wie der weise Spruch des Theaterausrufers in »Kinder des Olymp«, der die bis heute geltende Crux des Künstlers beklagt, das Publikum zu unterhalten: »Das Publikum verlangt immer etwas Neues. Immer nur Neues. Dabei war alles schon einmal da. Und das Allerneueste ist zuguterletzt so alt wie die Welt.«

Drama und Komödie, Humor und Trauer, Theater und Pantomime, Kunst und Leben, Liebe und Seelenschmerz – obwohl in der schwierigen Zeit der deutschen Besetzung über einen Zeitraum von drei Jahren gedreht, entstand ein Film aus einem Guss, der nahtlos alle Gegensätze zu einem Kunstwerk von zeitloser Schönheit vereint, getragen von brillant geschliffenen Dialogen, die funkeln vor gescheiter Ironie und auserwählter Boshaftigkeit, zelebriert von Schauspielen, die ihre Rollen bis in die kleinste Nuance auskosten, erfüllt von tiefen menschlichen Emotionen, die sogar mich, der ich mich immer

im Kino amüsiere, wenn bei sentimentalen Szenen alles schluchzt im Saal, zu Tränen bewegen. Und alles überstrahlt das große Grundthema des Lebens und des Kinos: die Unerfüllbarkeit der einen großen, der einzig wahren Liebe, die an den Zwängen des menschlichen Daseins scheitert. Die Lebenswege des unsterblich verliebten Pantomimen Baptiste, der geheimnisvollen Schönheit Garance, des lebensvergnügten Schauspielers Fréderic und des kultivierten Gentleman-Gauners Lacenaire verweben sich in schicksalhafter Verstrickung.

Alles, was die französische Filmkunst in ihrer Blütezeit der 30er und 40er Jahre auszeichnet, ihr fein gesponnenes Stil-Vokabular findet sich hier exemplarisch wieder: jener illusionslose Realismus, über dem auch immer ein Schimmer von Romantik liegt, eine Realistik, die im Wirklichen den geheimen Zauber sieht und im Tatsächlichen das Symbol. So wird die filmische Welt zum Zeichen, zum Gleichnis des Lebens.

Wenn auch nur eine meiner 66 Kinogeschichten einen erzieherischen Wert hat, dann sehen Sie sich diesen Film an, wann, wo und wie auch immer.


### Kurz-Info: Was 1996 sonst noch geschah

Brandanschlag in Lübeck auf ein Haus für Asylbewerber: 10 Tote – Flughafen wird zur Feuerfalle: 17 Menschen sterben bei einem Großbrand auf dem Düsseldorfer Flughafen – Deutschland gewinnt die Fußball-EM – Der Kriminalfall des Kinderschänders Marc Dutroux löst in Belgien Staatskrise aus – Die Taliban erobern Kabul und übernehmen die Macht in Afghanistan – Bill Clinton wird wiedergewählt – In Rumänien und Bulgarien verlieren die Kommunisten die Wahl – Börsenboom der T-Aktie – Diana und Charles werden geschieden – Gestorben: Ella Fitzgerald, Rio Reiser, Marcello Mastroianni, Gene Kelly, Rene Clément, Henri Nannen – Kinohit des Jahres: Roland Emmerich »Independence Day« – Programmkino-Hit: Danny Boyle »Trainspotting« – »filmkunst 66«-Hit: Mike Leigh »Lügen und Geheimnisse« – weitere Premieren: Brian de Palma »Mission Impossible II«, Bryan Singer »Die üblichen Verdächtigen«, Terry Gilliam »12 Monkeys«, Martin Scorsese »Casino«, John Lasseter »Toy Story«, Caroline Link »Jenseits der Stille«.

# Kinogeschichte 43

## Unser geheimer Verkaufsschlager

In den Multiplexbilanzen resultiert der Unternehmergewinn nicht aus dem Verkauf der Kinokarten, sondern aus den Erlösen der Nebenumsätze, weshalb die Knistertüten und die Getränkebecher so groß sind und weshalb Popkorn als unverzichtbares Wahrzeichen eines jeden Multiplexbesuchs gilt. Eine Geschmacksverirrung, die nur aus einem Land wie Amerika kommen konnte, das nicht als Hochburg kulinarischer Feingenüsse gilt. Durch meine Sylter Kinoerfahrung ist Popkorn zu meinem bevorzugten Hassobjekt geworden wegen seines penetranten, meinen fein entwickelten Geruchssinn unfein beleidigenden Gestanks und wegen der Sisyphusarbeit, die es bedeutet, all die unvermeidbar aus der Popkorntüte kullernden, leichtgewichtigen Esspartikel zu beseitigen, deren Verbrauchsspuren sich vom Foyer bis in die einzelnen Säle ziehen, als seien sie ausgelegt für eine kindliche Schnitzeljagd, wo sie sämtliche Kinoböden in hell punktierter Musterung von archaischer Grafik schänden. So sorgenfrei sich Popkorn auch auf hartem Steinfußboden zusammenfegen lässt, so sehr verweigert sich auf weichem Teppichboden diese klebrige Massenansammlung gewichtsloser Kalorienbomber, mit der Leichtigkeit des Seins widerspenstig von einer Ecke in die andere Ecke hüpfend, allen Wiedervereinigungsversuchen auf dem Kehrblech.

Im »filmkunst 66« zählt nicht die Quantität, sondern die Qualität beim Angebot der Tresenverkäufe, wenn auch der grundsätzliche Popcornverzicht Umsatzverluste bedeutet, die so auch so weit gehen können, dass Multliplex gewöhnte Kinobesucher, die sich ins »filmkunst 66« verirren, sich entrüsten: »Was, kein Popkorn? Popkorn gehört zum Kinobesuch. Nee, dann geh ich nicht in den Film.«

Unser Verkaufsschlager seit 1998 ist ein Material, aus dem Träume für Leckermäuler gemacht sind. Etwas, das man noch aus früheren Zeiten kennt, was man heute nur noch selten findet, aber bestimmt in keinem Kino: Schokoküsse oder auch Super Dickmanns.

Luftdicht abgeschützt vor Umwelteinflüssen, gekühlt durch Eisplatten, verlocken sie die Besucher durch ihre stete Frische, was die gierig Verzehrenden bestätigen, wenn sie ihre Zähne in die dunkle Schale der Köstlichkeit hineintreiben und mit vor Genussbefriedigung hell leuchtenden Augen ausrufen, wie lecker frisch das doch sei. Klar ist das frisch, so schnell gehen die Super Dickmanns alle weg, dass sie gar nicht alt werden können.

Es ist nicht nur die Gattung des weibliche Geschlechts, die dieser süßen Verlockung erliegt, es sind auch die Herren der Schöpfung, die einen Super Dickmanns erstehen, am besten zusammen mit einem Bier. Manche lieben eben geschmackliche Kontraste.

Wenn sie dann verschämt einen Negerkuss bestellen mit dem schlechten Gewissen über die rassistische Deutung des Wortes, dann sage ich zu ihrer Beruhigung, es gibt noch schlimmere Benennungen wie »Negroides Schaumgebäck« und ich verbessere sie: »Einen Super Dickmanns, und jetzt 50 Cents bitte.« Die Verdienstspanne von Popkorn übertrifft Super Dickmanns allemal.

Im Juli / August beginnt die Fastenzeit für Schokokuss-Süchtige. Da gibt es keine im allgemeinen Verkauf. Und wenn dann wieder die Super Dickmanns-Saison beginnt, dann beginnt auch wieder die richtige Kinosaison.

Kein heißes Wetter mehr, keine Fußball-WM. Die Leute gehen wieder ins Kino.

## Kurz-Info: Was 1998 sonst noch geschah

Ende der Ära Helmut Kohl: SPD und Grüne gewinnen die Bundestagswahl: Das Reform-Duo Gerhard Schröder und Joschka Fischer bestimmt die Politik – 101 Tote beim schweren ICE-Unglück in Eschede – Das staatliche Telefonmonopol fällt – Die Viagra-Pille stärkt die Potenz – Die Lewinski-Affaire bringt US-Präsident Bill Clinton in Bedrängnis – Gestorben: Alan J.Pakula, Jean Marais, Akira Kurosawa, Jerome Robbins, Frank Sinatra – Kinohit des Jahres: James Cameron »Titanic« – Programmkinohit: Tom Tykwer »Lola rennt«. Filmkunst 66«-Hit: Coen-Brothers »The Big Lebowski«, Weitere Premieren: Steven Spielberg »Der Soldat James Ryan«, Roberto Benigni »Das Leben ist schön«, Peter Weir »Die Truman Show«.

# Kinogeschichte 44

## Wollen Sie mit mir tanzen?

Da kann man schon verlegen werden, wenn man von einer wild-fremden, jungen, bildhübschen Frau mit der Frage angesprochen wird: »Lieben Sie mich?« oder »Wollen Sie mit mir tanzen?«, und an der Kinokasse stehend, darf man diese anregende Aufforderung nicht auf ihren Realitätsgehalt hin überprüfen, sondern man kann ihr nur eine Kinokarte verkaufen, denn die Filmtitel heißen halt so.

Meist sagen die Kinokunden jedoch gar keinen Titel, als ob schon ihr Outfit oder ihr Gesichtsausdruck ihre Filmauswahl verraten würde, wobei es auch keine Gewissheit bedeutet, wenn ein Japaner an der Kasse steht, dass er unbedingt den auf dem Programm stehenden japanischen Film mit deutschen Untertiteln sehen will. Diese Angewohnheit führt besonders dann zu Missverständnissen, wenn ein Film gerade beginnt, aber der Kunde den Film sehen will, der erst eine halbe Stunde später startet. Aber bislang haben wir noch immer jeden Besucher pünktlich zu jeder Vorstellung in den richtigen Film lancieren können. Bei meinem »Best of Animation«-Programm 1999 jedoch kam ein Besucher eine Stunde nach dem Beginn der Zeichentrickkurzfilme heraus und fragte entnervt, wann denn endlich der Hauptfilm beginnt? Das an den Saaleingangstüren ausgehängte Schild mit dem jeweiligen Filmtitel ist nur von begrenztem Nutzen.

Der echte Cinéast jedoch nennt nicht den Filmtitel, sondern den Regisseurnamen, wobei er im »filmkunst 66« noch Glück hat ob unserer Fachkompetenz. Würde er so seinen Filmwunsch in einem Multiplex mit seinen fachfremdem Aushilfskräften an der Computerkasse äußern und einmal »Chabrol« oder »Haneke« verlangen, so könnte er eventuell die Antwort erhalten: »Getränke gibt es am Tresen im Foyer.«

Kinogäste mit Weltgewandtheit nennen bei ausländischen Filmen gleich den fremdsprachigen Originaltitel ohne Rücksicht darauf, ob sie denn wirklich die Sprache auch lautmalerisch perfekt beherrschen oder nur in der Light-Version. Dumm nur, wenn der Film im

Original ganz anders heißt wie der französische Patrice Leconte-Film »Das zweite Leben des Monsieur Mannesquier«, für den ein Kinogast in akzentfreier Aussprache »La deuxième vie de Monsieur Mannesquier« eine Karte verlangte. Leider heißt der Film aber im französischen ganz anders, nämlich »L`homme du train«: Der Mann aus dem Zug.

Wenn man schon mit seinen Sprachkenntnissen angeben will, sollte man auch auf korrekte Grundinformationen achten.


### Kurz-Info: Was 1999 sonst noch geschah

NATO beginnt Luftangriffe gegen Serbien, um das Flüchtlingsdrama im Kosovo zu beenden – Schweres Erdbeben in der Türkei – Blutbad in Tschetschenien: Mit brutaler Gewalt bekämpfen russische Truppen moslemische Rebellen – CDU versinkt im Spendensumpf um »schwarze Konten« – Atomunfall in japanischer Atomanlage – Günter Grass erhält Literatur-Nobelpreis – Brand im Montblanc-Tunnel: 14 Tote – Erste Bundestagssitzung im Berliner Reichstag – Gestorben: Stanley Kubrick, Oliver Reed, Edward Dmytrik, Sylvia Sidney, Victor Mature, Charles Crichton, Paul Bowles – Kinohit des Jahres: L. + A. Wachowsky »Matrix« – Programmkino-Hit: Leander Hausmann »Sonnenallee« – »filmkunst 66«-Hit: D. Mynick, S. Sanchez »Blair Witch Project« – weitere Premieren: Roger Mitchell »Notting Hill«, David Fincher »Fight Club«, Wim Wenders »Buena Social Club«, Kirk Jones »Lang lebe Ned Devine«, Sam Mendez »The 6th. Sense«, John Madden »Shakespeare in Love«.

# Konkursverschleppung für Anfänger

So erfolgreich der Neustart auch war und so stark die Neugierde unserer Stammgäste auf das neue Kino, so schnell verflog auch wieder das Interesse, lockte doch die neue Kinodimension Multiplex. Hatte ich noch gedacht, das tangiere mich gar nicht, wo ich doch die hehre Filmkunst spiele und nicht den platten Mainstream fürs Massenpublikum, wurde ich schnell eines Besseren belehrt. Die Multiplexe mit ihrem Filmbedarf für 12 bis 16 Säle hoben den Artenschutz für Filmkunst auf und schreckten vor keinem Filmkunsthit zurück, um auch dieses Publikum abzugreifen. Als seien wir mit rückläufigen Besucherzahlen nicht schon genügend in die finanzielle Enge getrieben, verloren wir auch noch unsere bisherige Mietgarantie: Die Filmwerbung verschwand aus den Programmkinos und siedelte in die Multiplexe über, die mit halbstündigen Werbeblöcken ihr Publikum verärgerten, während wir uns mit einminütiger Werbung begnügen mussten. Von 70.000 DM Jahreseinnahme Werbung sank dieser Gewinn, dem keinerlei Kosten gegenüberstanden, auf 20.000 DM. Damit stimmte meine gesamte Kinokalkulation nicht mehr. Sinkende Besucherzahlen waren nicht das geeignete Gegenmittel, um die Mindereinnahme von 50.000 DM auszugleichen. Mein Steuerberater wurde es nicht müde, mich darauf aufmerksam zu machen, dass ich kein Kino mehr betreibe, sondern Konkursverschleppung.

Ich hatte kein Bedürfnis, meine Opferlammrolle im Selbstverteidigungskurs für existenzbedrohte Filmkunstkämpfer bis zum bitteren Ende auszukosten, und verkaufte das »filmkunst 66« an den Überflieger am Aktienmarkt der Neuen Medien: an Michael Kölmels Kinowelt, für eine Mark.

Hätte ich ein besseres Nervenkostüm besessen und mehr Ausdauer bewiesen, hätte mich Ende des Jahres der Überraschungserfolg »Brot und Tulpen«, den ich noch terminiert hatte, auf einen Schlag von all meinen Schulden befreit. Aber dann wäre ich auch nie beruflich auf meine Trauminsel Sylt gekommen. Ein Traum, der später zum Albtraum wurde.

## Kurzinfo: Was 2000 sonst noch geschah

George W. Bush wird US-Präsident, Wladimir Putin Präsident von Russland – Skandal um schwarze Konten der CDU: Helmut Kohl tritt als CDU-Chef zurück, Angela Merkel wird Nachfolger – Volksaufstand zwingt den jugoslawischen Präsidenten Slobodan Milosevic zum Rücktritt – Das russische Atom-U-Boot »Kursk« geht mit 118 Mann unter – Concordeabsturz in Paris – Feuerwerksexplosion in Enschede – Angst vor Rinderwahnsinn BSE – Schumacher wird Formel 1-Weltmeister – Gestorben: Alec Guinness, Julie London, Jason Robards, Walter Matthau, Vittorio Gassmann, John Gielgud, Paul Bartel – Kinohit des Jahres: »Harry Potter und der Stein der Weisen« – Programmkinohit: Oskar Roehler »Die Unberührbare«, »filmkunst 66«-Hit: Silvio Soldini »Brot und Tulpen« – Weitere Premieren: Sam Mendez »American Beauty«, Spike Jones »Being John Malkovich«, Ridley Scott »Gladiator«, Pedro Almodóvar »Alles über meine Mutter«, Stephen Soderbergh »Traffic«, Paul Thomas Anderson »Magnolia«, Robert Zemeckis »Cast Away«.

# Kinogeschichte 46

## Kinoabenteuer Sylt

Es war nicht Michael Kölmel, der mich zur Strafexpedition nach Sylt geschickt hatte. Es war mein eigener Wunsch, der mich auf die Insel lockte, als ich erfuhr, dass Michael einen Theaterleiter für seinen dortigen Kinoneubau suchte. Es war mein unausrottbarer Drang, stets Neues zu wagen und aus der Alltagsroutine auszubrechen. Dass meine Frau und ich sowieso Sylt-Fans waren, die vor die Qual der Wahl eines Inselurlaubs in der Karibik oder auf Sylt gestellt, ohne jegliche Diskussion die kältere Insel vorziehen würden, kam erschwerend hinzu.

Ein Urgesetz aller Bauarbeiten erfüllte sich auch auf Sylt: Statt wie geplant Ostern zum Start der Urlaubersaison konnten wir erst zum Ende der Saison Anfang Oktober eröffnen. Nur Sylt im Sommerurlaub gewöhnt, war es doch sehr abtörnend, Sylt im November zu erleben. Die Urlauber sind weg, die Sylter fliegen in geschlossener Formation in Langzeiturlaub. Die Insel ist tot. Rund 25.000 Sylter wohnen auf der Insel, davon die Hälfte in Westerland. Jeden Morgen reisen in der Saison noch rund 10.000 Angestellte, für die es auf der Insel keine bezahlbaren Wohnungen gibt, mit der Bahn an (Fahrtdauer 20 Minuten). Dazu kommen jeden Sommer 65.000 Urlauber, nicht eingerechnet die Tagesgäste und jungen Leute, die am Strand oder bei Freunden übernachten. Von diesen rund 100.000 Menschen im Sommer sind im November nur noch 10.000 auf der Insel. Jedes zweite Hotel, jede zweite Lokalität, jedes zweite Geschäft ist geschlossen. Zu der gespenstigen Menschenleere kommt der tägliche Regen, der inselspezifischen Naturgesetzen gehorchend, nicht von oben, sondern von stetigem Meereswind gepeitscht, seitwärts auf den Spaziergänger eindrischt, wobei jeder Versuch, mit Hilfe eines Regenschirms auch nur einen Kleidungsfetzen trocken zu halten, in ebenso so groteske wie sinnlose Bemühungen ausartet, den Schirm den Klauen des allmächtigen Windes zu entreißen.

Kino auf der Insel – das ist nun wirklich eine ganz andere Kinodimension. Während man in den oberen Verwaltungsetagen der Kinowelt noch die Befürchtung hegte, ich würde auf der Insel ein zweites »filmkunst 66« schaffen wollen, stellte ich bei der Programmgestaltung der vier Kinosäle mit guter Mainstreamunterhaltung fest, dass qualitätvolle Filmprogramme besser besucht waren als die gängigen Kinohits fürs Massenpublikum. Sylt gilt nicht umsonst als die Insel der Reichen und Schönen. Sylt ist nicht Ballermann. Und die Kurverwaltung und die vier Zeitungen – drei Anzeigenblätter und eine Tageszeitung – waren begierig, den Inselgästen etwas zur Unterhaltung zu bieten. Da kam ich mit meinen filmischen Extratouren gerade recht. Wo ich in Berlin noch um jeden redaktionellen Hinweis auf meine Programme kämpfen musste, lasen mir die Redakteure der Sylter Zeitungen meine Filmberichtungswünsche von den Lippen ab.

Aber bevor ich mich im Verlauf einer normalen Kinosommersaison erst richtig entfalten konnte, war das Inselabenteuer schon wieder beendet. Zum Jahresende war die Medienblase am neuen Medienmarkt geplatzt und Kinowelt war selber pleite. Auf Geheiß des Konkursverwalters musste Michael Kölmel alle seine zusammen gekauften Kinos zurückgeben und nach einigem unerfreulichen rechtlichen Hin und Her fanden wir uns wieder in Berlin und im »filmkunst 66« zurück.

Das war natürlich ein herber Schlag, wenn man sich auf ein ganz anderes Leben eingerichtet hatte.

**Kurzinfo: Filmzitat über Kinowetter**
Celia Johnson zu Trevor Howard in »Kurze Begegnung« (1945):
»Weißt du, wir wären bestimmt ganz andere Menschen, wenn wir immer in einem schönen warmen Klima leben würden.«

# Kinogeschichte 47

# Neustart in Berlin

Innerhalb von 14 Tagen zogen wir zurück, besorgten uns eine Wohnung in Kinonähe und übernahmen unser altes Kino. Unsere Befürchtung hämischer Bemerkungen nach dem Motto »Die Stadlers sind wieder zurück. Haben's wohl nicht geschafft« bewahrheitete sich nicht. Stattdessen wurden wir von unseren alten Stammgästen, von der Presse und natürlich von unseren alten Freunden herzlich willkommen geheißen. Dieser mehr als freundliche Empfang motivierte uns, den Kinobetrieb mit neuem Enthusiasmus wieder aufzunehmen.

Eine schier unüberwindliche Hürde war es, bei irgendeiner Bank ein Startdarlehen oder zumindest eine Kreditlinie zu erhalten. Die Standardfrage aller Banken nach einer finanziell verwertbaren Absicherung musste ich zum ungläubigen Staunen der Bänker verneinen, die kein Verständnis dafür aufbrachten, dass jemand, der so lange im Geschäft ist, kein Haus und kein Grundstück hat, das man belasten kann. Auf die vorwurfsvolle Frage, was ich denn mit all dem Geld gemacht habe, das ich im Verlauf so vieler Jahre verdient hatte, konnte ich nur erwidern, dass mein ganzes Geld und diverse Darlehen in der Einrichtung des Kinos stecken: 637.000 DM hat der Kinoneubau gekostet. Das zählte aber nicht. Mein Fehler war, dass ich nur 20.000 DM haben wollte. Bei 200.000 DM hätte ich wohl kein Problem gehabt.

Die Gefahr einer neuerlichen Kinopleite wollten wir nicht eingehen. Daher entschlossen wir uns, die ersten Monate das Kino im Alleingang zu führen. Ich habe vorgeführt, Rosemarie hat die Kasse gemacht und die Buchhaltung sowieso; gemeinsam haben wir das Kino geputzt. So reduzierten wir die Grundkosten des Kinobetriebs, bei denen die Personalkosten neben der Miete der teuerste Faktor sind. Mit steigenden Besucherzahlen konnten wir uns dann wieder Personal leisten.

Das Kino-Foyer wurde umgestaltet zu einem gemütlichen Kino-Café, in dem es frisch gebrühten Kaffee gab statt stundenlang lauwarm gehaltener Kaffeebrühe aus der Kanne, edle Weine im Glas statt Popcorn und Plastikbecher. Unsere Kinophilosophie war es, die gesamte Kinoatmosphäre und das Geschmacksniveau des Nebenverkaufs dem Niveau der Filme anzugleichen.

Der große und der kleine Saal des »filmkunst 66«

Reumütig und geläutert kamen die Besucher zurück, die wir an die Multiplexe verloren hatten. Gerade das ältere (und damit sind nicht die 70-jährigen, sondern damit ist die Generation ab 30 gemeint) und das so genannte bessere Publikum fühlt sich im jugendlichen, anonymen Massenbetrieb der Multiplexe nicht wohl. Unser Publikum ist mit uns älter geworden. Und noch ein anderes Phänomen geänderten Publikumsverhaltens fällt auf. Das Publikum ist weiblicher geworden. Manchmal ist die Frauenquote so übererfüllt und die männlichen Besucher sind so sehr in der Minderzahl, dass ihr Erscheinen im feminin okupierten Kinosaal wie der einsame Auftritt vereinzelter Restexemplare einer seltenen exotischen, vom Aussterben bedrohten Gattung wirkt.

Diese beiden Neuerscheinungen – das ältere und das überwiegend weibliche Publikum – veränderten auch die Besucherzahlen innerhalb der Vorstellungen. Die frühe Abendvorstellung um 17.30 Uhr ist heute fast genau so gut besucht wie die Abendvorstellung, manchmal sogar besser. Und zur Nachtvorstellung kommen nur noch wenige; die Zeiten nächtlicher Studentenaufmärsche zur Spätvorstellung sind endgültig vorbei. Schade.

Die qualitative Veränderung, die Verbürgerlichung des Publikums veränderte auch die Programmstruktur des Kinos: Rückkehr zur etablierten Filmkunst, gegen die ich einst rebelliert hatte.

**Kurzinfo: Was 2001 sonst noch geschah**
Terroranschlag auf das World Trade Center in New York mit 3.478 Toten – USA starten Krieg gegen Afghanistan – Silvio Berlusconi gewinnt Parlamentswahl in Italien – Der Nahost-Konflikt eskaliert durch Selbstmordattentate in Israel – Brandkatastrophe im Gotthard-Tunnel – Erstmals deutsche Frauen bei der Bundeswehr – Claudia Roth wird Vorsitzende der »Grünen« – Guido Westerwelle wird FDP-Chef – Rot-grüne Bundesregierung beschließt Ausstieg aus der Atomkraft – Gestorben: Anthony Quinn, George Harrison, Anthony Schaffer, Jack Lemmon, Isaac Stern, Christiaan Barnard – Kinohit des Jahres: Peter Jackson »Herr der Ringe« – Programmkinohit: Jean-Pierre Jeunet »Die fabelhafte Welt der Amélie« – »filmkunst 66«-Hit: Ray Lawrence »Lantana« – Weitere Premieren: David Lynch »Mullholland Drive«, Woody Allen »Match Point«, Peter Naess »Elling«, Ang Lee »Tiger and Dragon«.

# Kinogeschichte 48

## Titanic auf dem Wannsee

Im Jubiläumsjahr »90 Jahre Titanic« bot mir ein Filmsammler den allererersten Titanic-Film für eine exklusive Vorstellung an, der in frischer Aktualität des Jahres 1912 mit einem Spielzeugschiff auf den Wellenbergen und den Eisschollen des Wannsees gedreht worden war. Wofür James Cameron drei Stunden brauchte, erledigte dieser Film in 40 Minuten. Und das Schiff ging genauso unter. Musikalisch begleitet wurde das Stummfilmereignis von einer Combo des Palast Orchesters von Max Raabe, der leider nicht auftrat, wenngleich ein Lied wie der Hans Albers-Song »Das kann doch einen Seemann nicht erschüttern« vortrefflich zum Film gepasst hätte. Wenn dann im Film das heroische Streichquartett zum Schiffsuntergang losfidelte, wurde es live im Kinosaal von vier Streichern begleitet. Ein Effekt, den James Camerons teure Titanic nicht bieten konnte.

Von all den zwölf Titanic-Verfilmungen, die es gibt, ist dies gewiss die kürzeste und die lustigste.

### Kurzinfo: Was 2002 sonst noch geschah

Kampf gegen die Jahrhundert-Flut des Elbhochwassers – Der Euro wird eingeführt – Die rot-grüne Regierungskoalition gewinnt knapp die Wahlen – Amoklauf eines Schülers in Erfurter Gymnasium: 17 Tote – Kirch-Gruppe geht in die Insolvenz – Geiselnahme tschetschenischer Rebellen in einem Moskauer Theater: Bei der Befreiungsaktion sterben 128 der 800 Geiseln – Al Qaida Terroranschläge auf den Ferieninseln Djerba und Bali – Gestorben: Rudolf Augstein, Rod Steiger, Astrid Lindgren, Billy Wilder, Hildegard Knef, James Coburn, George Roy Hill, Raf Vallone, Daniel Gélin – Kinohit des Jahres: Peter Jackson »Herr der Ringe – Teil II«, Programmkinohit: Michael Moore »Bowling for Columbine – »filmkunst 66«-Hit: Zoltan Spirandelli »Vaya con Dios« - Weitere Premieren: Pedro Almodóvar »Sprich mit ihr«, Roman Polanski »Der Pianist«, González Inárritu »Amores Perros«, Lone Scherfig » Italienisch für Anfänger«.

# Kinogeschichte 49

# Digitale Pionierzeit

Lange bevor es durch den 3D-Boom zum Thema wurde, begann für das »filmkunst 66« das digitale Zeitalter. Allen Neuerungen aufgeschlossen, bewarb ich mich für ein Innovationsprojekt des Medienboards Berlin-Brandenburg, das 2003 vom Salzgeber-Filmverleih zur Auswertung seiner digitalen Dokumentarfilme initiiert wurde. Mich haben dabei weniger die Dokumentarfilme interessiert, sondern viel mehr das, was man so alles mit einem digitalen Beamer anstellen konnte. Nach den ersten enttäuschenden Tests von DVD-Vorführungen gelang mit dem Abspiel vom Laptop dank guter Grafik-Karte ein Quantensprung in der Bildqualität. Noch besser wurde das Bild mit dem Aufkommen von Blu-ray. Wurde das Kinobild von einer Festplatte projiziert, konnte das normale Kinopublikum sowieso keinen Unterschied mehr feststellen.

In meiner Programmgestaltung nutzte ich hemmungslos die neuen Möglichkeiten digitaler Filmprojektion aus, die es erlaubten, Filme zu zeigen, die es auf 35-mm-Film gar nicht oder nicht mehr gab: alte Klassiker und neue Filme, die keinen deutschen Filmverleih gefunden hatten, Kurzfilme und Ballett- und Opernfilme. In meiner Experimentierfreude teilte ich nicht die starre Grundhaltung der Fundamentalisten unter meinen Kinokollegen, für die nur der 35-mm-Film das wahre Kinoerlebnis gewährt. Doch die Euphorie über die Möglichkeiten einer grenzenlosen Programmgestaltung wichen bald der nüchternen Erkenntnis, dass meine entdeckungsfreudigen Tauchfahrten nach versteckten Filmkunstperlen in der Unendlichkeit des Filmuniversums ihre besucherzahlenmäßige Begrenzung erfuhren, die so manche Vorstellung in die Untiefen der Unrentabilität lotsten. In Fachkreisen nennt man das filmische Onanie.

Die neue Technik hat auch ihre digitalen Tücken, denen auch der beste Filmvorführer hilflos gegenübersteht. Das musste ich feststellen, als ich den vierteiligen »Ring des Nibelungen« in Patrice Chéreaus legendärer Bayreuther Inszenierung von 1976 digital von einer

Festplatte abspielte und plötzlich Bild und Ton nicht mehr zusammenpassten, ein Blitzlichtgewitter sich auflösender Bildelemente die Leinwand aufhellte.

Glücklicherweise hatte ich mir für einen Bildtest die DVD besorgt und konnte mit dieser bewaffnet in den ausverkauften Kinosaal marschieren, um das Publikum zu befragen, bei welcher Arie der Bild- und Tonwirrwarr denn angefangen hat. Im Begleitheft der DVD waren, wie es üblich ist, alle Arien nummeriert und so konnte es ab Arie 47 bildlich und tonlich korrekt weitergehen.

Mit den technischen Möglichkeiten des neuen Medienzeitalters wird sich das Kino immer mehr nicht nur als Abspielort von Filmen definieren, sondern sich einen neuen Event-Status aufbauen mit Liveübertragungen aus aller Welt – seien es Fußballweltmeisterschaften, Opern- und Ballettinszenierungen, Boxmeisterschaften und Autorennen, ja sogar mit Videospielen. Was sich der Normalbürger finanziell und reisemäßig nicht leisten kann, wird er als Live-Erlebnis auf der großen Kinoleinwand genießen.

Alles, was sich digital übertragen lässt, wird dem Kino neues Publikum hinzugewinnen.


## Kurzinfo: Was 2003 sonst noch geschah

Mit Serbien entsteht ein neuer Staat auf dem Balkan – Mit dem Kriegsgrund des angeblichen Besitzes von Vernichtungswaffen beginnt USA den Irakkrieg und vertreibt den Diktator Saddam Hussein – Weltweite Angst vor der Seuche SARS – Hitzeglocke lähmt Deutschland – Arnold Schwarzenegger wechselt in die Politik und wird Gouverneur von Kalifornien – Nach Anschlägen und Attentat eskaliert die Gewalt zwischen Israel und Palästina – LKW-Maut in Deutschland - Gestorben: Jürgen Möllemann, Alan Bates, David Hemmings, Elia Kazan, Leni Riefenstahl, Bob Hope, Katharine Hepburn, Gregory Peck, Robert Stack – Kinohit des Jahres: Peter Jackson »Der Herr der Ringe – Teil 3« – Deutscher Kinohit: Bully Herbig »Der Schuh des Manitu« – Programmkinohit: Wolfgang Becker »Good-Bye Lenin« - »filmkunst 66«-Hit: Alexander Payne »About Schmidt« – weitere Premieren: Quentin Tarantino »Kill Bill«, Philip Noice »Der stille Amerikaner«, Francois Ozon »Der Swimmingpool«, Fernando Mereilles »City of God«.

# Kino & Vino

Nie wieder haben wir so viel Wein verkauft wie während der Laufzeit der amerikanischen Filmkomödie »Sideways«, in der zwei Freunde auf Sauftour durch das amerikanische Weingebiet San Ynez Valley gehen und der Weinkenner Miles, der seinen gehobenen Alkoholismus als Connaisseur und Wein-Snob tarnt, versucht, seinen in dieser Trinkkunst unkundigen Freund Jack in die Feinheiten der Weinverköstigung einzuweihen, die in der Wahnvorstellung gipfeln, man könne in der Höchstentwicklung der wahren Kennerschaft all die auf dem Etikett rosig formulierten Geschmacksspuren von angebrannten Mandeln, überreifen Birnen oder dem Most wurmstichdurchlöcherter Boskop-Äpfel im Abgang spüren.

»Sideways« widerlegt als filmische Hymne auf die verkannte Kunst der amerikanischen Weindestination die Vorurteile des europäischen Weingenießers, der die elitäre Nase rümpft über die stümperhaften Versuche amerikanischer Weinkultur. Der Film gipfelt in dem Grundsatzduell zwischen der Geschmacksoberhoheit der Cabernet- und der Pinot-Traube, was ich zum Anlass nahm, mir eben diese Weine zu besorgen und direkt an der Kasse statt eines Programmheftes als Wein zum Film anzubieten:

Testen Sie den Wein zum Film: Cabernet oder Pinot?

Nach Absetzen des Films sank der Weinumsatz und das Bier erobert wieder die Vorherrschaft des Getränkekonsums.

**Kurzinfo: Filmzitat über Wein**
Bing Crosby und Ray Walston in »Engel auf heißem Pflaster« (1951):
»Glauben Sie etwa, dass Sie das, was Sie verloren haben, in dieser Flasche wiederfinden?«
»Vielleicht in der nächsten, ich habe noch nicht alle probiert.«

# Typologie der deutschen Filmkritik

Ich kenne sie alle, die Filmkritiker, seit das »filmkunst 66« 2004 zum dauerhaften Austragungsort von Pressevorstellungen neuer Filmpremieren wurde. Meist kommen nur die 20 bis 30 der üblich Verdächtigen zur Filmsichtung, bei mit Hochspannung erwarteten Filmen gelangt der große Kinosaal mit seinen 200 Sitzplätzen an den Rand seiner Kapazitäten. Wer doch so alles angeblich über Filme schreibt! Wenn ich dann später die Filme mit den Beurteilungen der Kritiker vergleiche, gelange ich ganz automatisch zu einer Typisierung der deutschen Filmkritik.

Meine Kritiker-Favoriten sind jene Journalisten, die es verstehen, in ihren Filmrezensionen die eigene Begeisterung auf den Leser mittels verführerischer Formulierungskraft so direkt zu übertragen, dass dieser nach Beendigung der Lektüre wie unter hypnotischem Zwang umgehend in die nächste Filmvorstellung eilt.

Es gibt die Filmwissenschaftler unter den Kritikern, die durchaus sachkundig über die besichtigten Filme schreiben und den Leser dabei gelehrig alles über Filmkadrierung und tiefenpsychologische Auslotung der Filmfiguren wissen lassen, sich aber jeden Urteils über die künstlerische Qualität und den Unterhaltungswert des Films enthalten.

Die Inhaltbeschreiber nutzen wortreich die gesamte Länge ihrer Filmkritik, um detailgetreu den gesamten Handlungsverlauf zu referieren, was beweist, dass sie den Film nicht verschlafen haben oder zumindest textgetreu das Presseheft zitieren können. Für eine künstlerische Filmbeurteilung ist dann leider kein Platz mehr.

Dann gibt es die Verfechter der deutschen Filmkunst, die das Hollywoodkino verteufeln und jeden misslungenen Filmversuch eines Jungregisseurs zum Filmereignis aufplustern. Unverkennbares Markenzeichen dieser egomanischen Selbstfindungstrips ist ein ereignisloser Filmverlauf in einer lebensfernen, sterilen Kunstwelt, in dem zu Recht unbekannte Schauspieler mit versteinerter Leidensmiene ihre hochgezüchteten Mimosen und seelischen Wehwehchen deklamieren, die angesichts der wahren Probleme unserer Zeit von totaler Bedeutungslosigkeit sind. Diese Filme zu betrachten ist so aufregend, als ob man frischer Farbe beim Trocknen zusieht. Sie unterliegen dem Prädikatisierungszwang der Filmbewertungsstelle FBW wie dem Betäubungsmittelgesetz, da sie in perfekter Weise die einschläfernde Wirkung eines Narkotiums ersetzen mit solch extremer Tiefenwirkung, dass ich spätestens zur Filmhälfte schmerzfrei operiert werden könnte. Aber vorher verlasse ich lieber den Kinosaal und damit bin ich nicht der erste und nicht der letzte.

Es gibt die Filmspezialisten, deren allumfassendes Wissen und Urteilsvermögen auf ein ganz bestimmtes Filmgebiet wie Horrorfilm oder Zeichentrick begrenzt ist, die aber dann von der Zeitungsredaktion auf Filme angesetzt werden, deren Machart sie abgrundtief hassen. So fallen denn auch ihre Kritiken aus.

Es sind immer die Gleichen, die zeitgenau 15 Minuten nach Filmbeginn in den Kinosaal hetzen, um dann eine Kritik über einen Film zu schreiben, den sie gar nicht ganz gesehen haben. Höflich entschuldigen sie sich mit dem Verweis auf die Verspätung der S-Bahn und auf die Parkplatznot. Seltsamerweise trifft sie stets als einzige der unerwartete Schicksalsschlag unpünktlicher Verkehrsmittel und fehlender Parkplätze.

Und dann gibt es da noch die jungen Nachwuchsschreiber, die zwar gern ins Kino gehen, aber keine Ahnung von der Filmgeschichte haben, auf deren Tradition und Weiterentwicklung jede Filmkunst aufbaut. Die Filmklassiker kennen sie nicht, und selbst wenn sie diese im Fernsehen oder als Videoabspiel nachgeholt haben, so fehlt ihnen doch in ihrem filmischen Wertgefühl das alle Sinne fesselnde und das Urteilsvermögen schärfende Kinoerlebnis der großen Leinwand, das erst einen kritischen Vergleich mit dem heutigen Filmschaffen zulässt. Von keiner grundlegenden Filmkenntnis getrübt lesen sich dann auch ihre Kritiken.

Schlimmer sind die Volontäre, die von der Redaktion zur Pressevorführung geschickt werden, um sich auch mal in dieser Sparte zu versuchen. Von keinerlei cineastischen Neigungen beeinflusst kritisieren sie munter drauflos und möglichst scharf, um die eigene filmische Ahnungslosigkeit hinter der bösartigen Selbstherrlichkeit scharfzüngig formulierter Verrisse zu verbergen, die jeden Ansatz zu fundierter Kritik der Möglichkeit zu mehr oder weniger originellen Satzpointen opfern, um Zeugnis zu geben von ihrer journalistischen Hochbegabung und geistigen Kompetenz. Mit dem gesehenen Film haben ihre Kritiken nichts zu tun.

In der Sommerpause der städtischen Bühnen werden auch mal Theaterkritiker ins Kino geschickt. Leider! Mit der ungerechtfertigten Geringschätzung des studierten Intellektuellen, der auf alles, was Film heißt, von der erhabenen Warte künstlerischer Hochkultur voller Verachtung in die Niederungen einer Unkultur hinunterblickt, deren historische Anfänge auf dem Jahrmarkt liegen, halten sie Film grundsätzlich für eine suspekte und unseriöse Angelegenheit, während sie jedes pointenarme Lustspiel und jedes pathosstarke Trauerspiel von vornherein für bedeutend erachten, wenn diese nur über die geheiligten Theaterböden unserer privaten oder staatlichen Bühnen gehen. In ihren Augen ist Film nicht Kunst, sondern nur Kommerz, und kann somit grundsätzlich nicht gut sein. Zur Hochform laufen sie auf bei der Verurteilung von Theaterverfilmungen, bei denen sie rigoros übersehen, dass die visuelle Kunst der Filminszenierung ganz anderen dramaturgischen und künstlerischen Gesetzen gehorcht als das statische Konzept der Bühnendarstellung.

Das sind die Filmjournalisten, deren Kritiken über Erfolg oder Misserfolg eines Films im Programmkino entscheiden. Im Zeitalter eines visuellen Überangebots verlieren selbst filmbewusste Kinogänger den Überblick und wählen nur das Bekannte, das Vertraute, das von der Kritik Hochgelobte. Für Filme, die nicht mit dem Bekanntheitsgrad von James Bond oder Harry Potter punkten können, ist jeder Verriss tödlich und jede Kritikerhymne für das Überleben im Kinoprogramm essenziell. Das erklärt auch das Phänomen der unterschiedlichen Filmerfolge und -Misserfolge in der gesamtdeutschen Kinolandschaft. So unterschiedlich, wie die Kritikerresonanz ausfällt, ist auch der Kinobesuch.

Da kann auch das gute Image eines Kinos nicht viel ändern, wenngleich in Verleiherkreisen der Spruch kursiert: »Bei Flops hat das »filmkunst 66« immer die besten Zahlen.« Unter Blinden ist der Einäugige König.

Anonymer Filmkritiker: »Journalismus ist ein schwieriger Beruf. Aber immer noch besser als arbeiten.«

## Kurz-Info: Was 2004 sonst noch geschah

Al Qaida-Bombenterror in Spanien: Attentatsserie auf Nahverkehrszüge mit 191 Toten – Folterskandal im amerikanischen Militärgefängnis im Irak – George W. Busch wird wiedergewählt – Geiseldrama im Kaukasus: Bei der gewaltsamen Beendigung eines Überfalls tschetschenischer Terroristen sterben 333 Kinder, Lehrer und Eltern – Kampf um die Macht in der Ukraine: Reformer Juschtschenko setzt sich gegen Machthaber Janukowitsch durch – Zehn neue Staaten treten der EU bei – Jahrhundertkatastrophe in Asien: Riesenwelle Tsunami fordert zehntausende Menschenleben – Gestorben: Ronald Reagan, Helmut Griem, Francois Sagan, Russ Meer, Inge Meysel, Vlado Kristl, Marlon Brando, Peter Ustinov, Ray Charles – Kinohit des Jahres: Alfonso Cuaron »Harry Potter – Der Gefangene von Askaban – Deutscher Kinohits: Michael Herbig »(T)Traumschiff Surprise« und Oliver Hirschbiegel »Der Untergang« - Programmkino-Hit: Michael Moore »Fahrenheit 9 / 11« – »filmkunst 66«-Hit: Alexander Payne »Sideways« – weitere Premieren: Roland Emmerich »The Day After Tomorrow«, Nancy Meyers »Was das Herz begehrt«, Park Chan-wock »Old Boy«, Gareth Edwards »Monster«, Sofia Coppola »Lost in Translation«, Faith Akin »Gegen die Wand«, Alejandro Gonzàlez »21 Gramm«.

# Kinogeschichte 52

# Typologie der Kinobesucher

Es ist ein gewagtes Unterfangen, die weit mehr als zwei Millionen Besucher, die in den zurückliegenden Jahren ins »filmkunst 66« geströmt sind, in irgendwelche Klassifizierungen einordnen zu wollen. Doch wenn ich zurückblicke auf meine jahrzehntelange Beobachtung des Besucherverhaltens, so ergeben sich doch Gewohnheiten, Gesetzmäßigkeiten, Wiederholungszwänge und Rituale, die gleichförmige Verhaltensmuster erkennen lassen und eine Typologie der Kinobesucher erlauben.

Der häufigste Dauerkinogast ist der geborene Filmfreak, der sich jeden Film, auch wenn er noch so schlecht ist, erbarmungslos gegen sich selbst zu Ende sieht, auch diesem Filmerlebnis noch etwas Positives abgewinnt und nach Möglichkeit jeden Film zweimal sieht, einmal im unverfälschtem Original und in der deutschen Synchronfassung. Äußerlich erkennt man ihn an seiner bleichen, an kein Sonnenlicht gewöhnten Gesichtsfarbe, seiner seit Jahrzehnten gleichen Kleidung, denn für neue ist angesichts gestiegener Kinopreise kein Geld mehr übrig, und letztendlich an einer gewissen körperlichen Unförmigkeit, die aus Mangel an Bewegung und aus der Ausschließlichkeit des zeitsparenden Verzehrs von Fast Food resultiert. Pünktlich zum Vorstellungsbeginn, und keine Sekunde eher, betritt er den Kinosaal, zum einen, um sein puristisches Kinogefühl nicht den filmischen Attacken der Werbeindustrie auszusetzen, zum andern, weil nur so sein exakt ausgetüftelter Kinofahrplan funktioniert, der die unterschiedlichen Anfangszeiten, verschiedenen Verbindungswege zwischen den Kinos und Filmlängen sekundengenau einkalkuliert, um das Pflichtpensum von vier Filmen täglich zu absolvieren, das sein Minimum an cineastischer Grundnahrung erfordert. Als Letzter verlässt er den Kinosaal, nachdem er alle Namen der Nachtitel gelesen und auswendig gelernt hat, selbst wenn es nur chinesische Zeichen sind.

Im Unterschied zum Freak sieht der Cinèast nicht wahllos jeden Film, sondern zeichnet sich durch eine erlesene Filmauswahl aus, die kein Meisterwerk auslässt. Am liebsten sieht er die fremdsprachige Originalfassung. Meistens ist er in den ersten Reihen zu finden, wo das Kinobild am größten und die Bildkörnung am gröbsten ist, im weiten Sicherheitsabstand zu den übrigen Kinogästen, die in Form eines sich zum Saalende verbreiternden Trichters die Sitzplätze ausfüllen.

Meine Lieblingsgäste sind die Stammgäste, die keinen Film auslassen, sich nach Schluss der Vorstellung freundlich bedanken für das wunderbare Filmerlebnis. Mit der Kinokarte erwerben sie wie in einem gesetzmäßigen Ritual zugleich auch immer ihre Tasse Kaffee oder ihr anderes Lieblingsgetränk, das ich schon ungefragt bereitstelle, wozu es keiner hellseherischen Fähigkeiten mehr bedarf.

Genau so lieb sind mir die Frischlinge, die erstmals das Kino betreten und mir nach dem Filmende bekunden, wie schön doch das Kino sei und dass sie bald wiederkommen werden. Was sie auch meistens tun, um nach gebührendem Zeitabstand in den Besucherolymp der Stammgäste aufgenommen zu werden.

Besonders willkommen sind die Reumütigen, die mit der Neuzeit der Multiplexe dem »filmkunst 66« untreu geworden sind und genervt von jugendlichem Gedränge zu klassischer Filmkunst zurückfinden, wo sie vor allem das grundsätzliche Fehlen von Popcorn zu schätzen wissen und vor dem Kartenverkauf besorgt die Frage stellen: »Ist der Ton hier auch so laut?«

Nichts gegen die persönliche Harmonie heterosexueller oder auch gleichgeschlechtlicher Paare, aber es ist mir doch immer wieder unangenehm, sie mit sanfter Gewalt aus ihrer innigen Umarmung zu reißen, wenn das Saallicht nach Filmende schon seit 5 Minuten brennt.

Einzelgänger dagegen kommen immer alleine. Sie scheinen keinen Menschen zu kennen, mit dem sie das Filmerlebnis teilen können. Überwiegend sind es Männer, da Frauen ohne Begleitung nur ungern ausgehen. Beim Kinobesuch hat die Emanzipation noch nicht stattgefunden.

So manch älteres Ehepaar hat schon seine Studienzeit im »filmkunst 66« verbracht, ist mit dem Kino groß und alt geworden, schwärmt den vergangenen Gammelzeiten nach und dem Gammellook des alten Kinos, was es aber nicht davon abhält, sich auch im neuen Kino wohlzufühlen.

Die Einparker: Sie kommen immer zu zweit. Und immer zu spät. Als Vorhut taucht zuerst die Frau auf, kauft zwei Kinokarten und nimmt umgehend in schweigender Erstarrung ihre Beobachterposition ein, von wo aus sie in gespannter Erwartung nach draußen blickt. Ab und zu eilt sie vor die Kinotür und schaut in alle Richtungen, als könne sie den Herbeigesehnten auch herbeisehen, was ihr aber auch nichts nützt, höchstens kann sie ihrem Einparker zuwinken, wenn er wieder einmal am Kino vorbeifährt und die Hände vom Lenkrad nimmt, um in weit ausholender Gestik seine Verzweiflung anzudeuten über die Vergeblichkeit des Daseins im existenziellen Bemühen um den letzten freien Parkplatz im Umkreis von zwei Kilometern, wobei er mehr innerstädtische Runden dreht als Vettel beim Grand Prix in Monaco. Nur etwas langsamer! Mein Angebot, doch spätestens zum Beginn des Hauptfilms in den Saal zu gehen, ich würde ihren Begleiter schon nachschicken, lehnt sie als in jeder Beziehung treu ergebene Ehefrau ab. Sie will keinen Informationsvorteil gegenüber ihrem Mann haben. Wenn der Einparker dann endlich, abgehetzt und schweißüberströmt, das Kino betritt, verkündet er als erstes die sensationelle Neuigkeit, wie schwer es ist, in Berlin einen Parkplatz zu finden. Dann eilen beide frohgemut, es doch noch geschafft zu haben, in den Kinosaal. Schließlich läuft der Film noch ein halbe Stunde.

Die Wissbegierigen: Sie fragen mir nach der Vorstellung Löcher in den Bauch nach den Namen ausländischer Kleindarsteller, die einen aufregenden 5-Sekunden-Auftritt hatten, nach Musiktiteln, die irgendwann im Verlauf des Films ertönen und nach den Läden, wo sie denn die Filmmusik erwerben könnten. Bislang habe ich noch immer alle Fragen beantworten können.

Freundespaare verabreden sich einmal im Monat zum gemeinsamen Kinobesuch und tauschen vor Filmbeginn voller Neugierde und mit enthusiastischer Begeisterung selbst die unerheblichsten Erlebnisse gegenseitig aus, was dazu führt, dass sie in ihrem Rededrang den Filmanfang verpassen werden, würde ich sie nicht noch in letzter Sekunde in den Kinosaal hetzen, was letztendlich zur Beschwerde darüber führt, dass sie im vollen Kinosaal keine sechs zusammenhängenden Plätze mehr finden, die sie in der dritten Reihe aber bequem einnehmen könnten, was sie aber nicht wollen, da sie grundsätzlich im Kino nur in der letzten Reihe zusammen sitzen, wo aber nur noch zwei Plätze frei sind, was zur Grundsatzdiskussion darüber führt, welchem glücklichen Paar dieses Platzanrecht zusteht, worüber aber keine schnelle Einigung zu erzielen ist, weil angesichts der auf der Kinoleinwand abblendenden Vortitel und des Murrens der schon einen Sitzplatz gefunden habenden Besucher, die sich von der Unruhe der Sechsergruppe gestört fühlen, eine unausweichliche Entscheidung fällt, die keinen benachteiligt, nämlich sich im Gleichschritt aus dem Kinosaal zu entfernen und die Kinokarten zurückzugeben, um sich noch beim Verlassen des Foyers zum nächsten gemeinsamen Filmbesuch in vier Wochen zu verabreden, am besten wieder im »filmkunst 66«, wo es doch hier so schön war.

Zwei besonders starke Besuchergruppen dominieren in letzter Zeit das Kinobild:

Rentner, die die Studenten als besucherstärkste Gruppe abgelöst haben und beim Lösen der Karten eine längere Verweildauer benötige, da es schon einer gewissen Zeitspanne bedarf, um die Geldbörse zu öffnen, den gesamten Inhalt zu entleeren und den Kinopreis in kleinstmöglicher Geldmünzenaufteilung zu entrichten. Und da sie genauso lange brauchen, um ihre Geldbörse wieder in den Eingeweiden ihrer Kleidung zu verstauen, hat der Kassierer genügend Muße, die Gesamtdarstellung des aktuellen deutschen Münzenwesens in die Wechselgeldbox einzuordnen.

Und Frauen: Selten kommen sie allein, meist zu zweit und in Gruppenstärke nicht unter sechs Personen. In lautstarker Unterhaltung besetzen sie das gesamte Kinofoyer, belagern mit der Ausdauer eines Großeinkäufers und der detaillierten Wunschabfragung nach den Getränke- und Süßwarenbedürfnissen einer jeder Beteiligten den Kinotresen, knallen, in unbarmherziger Reihenfolge einzeln nacheinander, ihre monströs-unförmigen Taschen, alles andere rigoros beiseite schiebend, mit der donnernden Aufprallwucht eines Granateneinschlags auf die Kinotheke und durchwühlen diese dann mit der gierigen Intensität eines Goldgräbers in all ihren verborgenen Ecken und Winkeln auf endloser Schatzsuche nach ihren Portemonnaies. Wenn der Film beginnt, ist wieder Ruhe im Foyer eingekehrt.

Ich liebe sie alle, diese Besucher. Es gibt aber auch Besucher, die ich hasse. Meist sind es Einzeltäter.

Betrunkene. Mit denen gibt es immer Ärger. Am besten, man lässt sie erst gar nicht ins Kino. Es gibt nur zwei Verhaltensweisen: Entweder sie schlafen sofort ein und durchschnarchen die gesamte Vorstellung. Oder aber sie stören durch unqualifizierte Bemerkungen mitten im Film, die lautstark die verhängnisvolle Wirkung von Alkohol auf die menschliche Intelligenz und die sprachliche Artikulierungsfähigkeit bekunden.

Die Knisterer. Sie decken sich vor Filmbeginn mit einem Tütenarsenal von Süßwaren ein, wobei sie dann geduldig jede stille Stelle im Film abwarten, um dann umso genüsslicher alle Tüten nach und nach lautstark knisternd zu öffnen.

Die Flüsterer. Meist sind es Frauen älterer Semester, die sich im Kino so zuhause fühlen, dass sie meinen, sie könnten ihre durch den Filmbeginn unterbrochene Unterhaltung wie gewohnt vor dem häuslichen Fernseher fortsetzen.

Die Kommentatoren. Sie kommentieren den gesamten Handlungsverlauf mit ihren eigenen Erkenntnissen und fragen besorgt ihre Begleitung, die mit offenen Augen auf die Leinwand blickt, ob sie dieses und jenes denn auch gesehen hat?

Die Meckerer. Sie kommen nur ins Kino, um zu meckern. Die Kinopreise sind zu hoch. Der Filmton ist zu laut oder zu leise. Das Kinobild ist zu groß oder zu klein, zu dunkel oder zu hell. Und sowieso nicht scharf genug. Die Kinositze sind zu hart. Oder zu weich. Im Saal ist es zu warm. Oder zu kalt. Und der Film ist natürlich ganz schlecht.

Der Regenschirmmörder. Er treibt sein Unwesen nur bei schlechtem Wetter und tötet die Stimmung im Kino just in dem Hochspannungsmoment, da die Filmheldin von Todesangst gepeinigt wird, die

Zuschauer der nächsten Schrecksekunde entgegenfiebern und in Erwartung des absolut Bösen und des totalen Schreckens den Atem anhalten. Die zuvor hoch dramatisch dröhnende Filmmusik ist vor Erschrecken stumm geworden. Man könnte eine Stecknadel fallen hören. In diesen Moment der absoluten Todesstille hinein platzt das Aufprallgeräusch eines umgestürzten Regenschirms mit der gefühlten Lautstärke eines knallenden Gewehrschusses. Der Spannungsbogen ist zerbrochen. Befreiendes Gelächter im ganzen Kinosaal. Der Drehbuchautor, der Regisseur, die Darsteller, der Kameramann – sie alle haben sich umsonst angestrengt. Die Spannung hat sich in ein lächerliches Nichts aufgelöst. Und warum? Nur weil ein Regenschirm umgefallen ist.

Die Alles-Besser-Wisser und Diskutierer, die mich wortreich belehren über die viel besseren Filme, die sie schon zu diesem oder jenem Thema gesehen haben und mich zur Rechenschaft auffordern wegen meiner schlechten Filmauswahl.

Es gibt Kinobesucher, die kommen fast täglich. Manchmal mehrmals am Abend. Die Kinokartensucher. Vor der Einlasstür beginnt die mit verzweifelter Besessenheit durchgeführte Suche nach der Eintrittskarte. Der Kartensucher entdeckt mit ungläubiger Verblüffung die unendliche Vielfalt der Versteckmöglichkeiten, die Kleidung, Brieftaschen, Geldbörsen oder mitgeführte Taschen bieten. Vor allem aber locken Damenhandtaschen mit ihrem unübersehbaren Inhaltsreichtum als ideale Ablage für auf ewige Zeiten verschollene Kinokarten. Doch das Einzige, was sie finden, sind abgerissene Kinokarten aus weit zurückliegenden Monaten. Gerne werden auch Zooeintrittskarten, BVG-Tickets und Essenskarten aus der Betriebskantine mit dem Glücksgefühl des ehrlichen Finders gezückt. Wie ein Geistesblitz erfolgt die Erkenntnis, man habe gar keine Kinokarte an der Kasse erhalten, was nicht stimmt, höchstens wurde sie an der Kinokasse vergessen. Oder wurde versehentlich und vorzeitig im Mülleimer entsorgt. Oder findet sich, sichtbar für alle, aber unsichtbar für den Suchenden, in irgendeiner Bodenecke des Foyers oder der Toilettenanlagen wieder. Oder wurde im gegenüberliegenden Restaurant »Lubitsch« auf dem Tisch liegen gelassen. Zusammen mit dem Trinkgeld. Nach Einstellen der vergeblichen Suchaktionen erfolgt unausweichlich die Frage an die Begleitperson, ob er oder sie nicht die Kinokarte habe, was entrüstet abgelehnt wird, sich aber als die richtige Fährte erweisen kann. Im Stressfall ist diese in vorwurfsvollem Ton vorgebrachte Frage der ideale Vorwand, um uralte, ungelöste Ehekonflikte mit gegenseitigen Schuldzuweisungen aufflammen zu lassen, deren Vehemenz mich befürchten lässt, dass für dieses Paar eher die Möglichkeit des Besuchs eines Scheidungsrichters in Betracht zu ziehen ist als ein nächster gemeinsamer Kinobesuch. Wie die Suche auch immer ausgeht, der zur Hysterie neigende Aufgeregtheitszustand steht in keinem adäquaten Verhältnis zur Lappalie eines drohenden Kinokartenverlustes und wäre eher der Reaktion auf den bevorstehenden Weltuntergang angemessen.

Wenn Sie noch eine Besucherspezies kennen, die ich ausgelassen habe, lassen Sie es mich wissen. Wenn Sie sich selbst wiedererkannt haben, nehmen Sie es als Zeichen der Selbsterkenntnis.

## Kurz-Info: Besucherschwund und Kinosterben – Die Entwicklung des Kinobesuchs von den 50er Jahren bis heute

Mitte der 50er Jahre hatte der Kinomarkt in der Bundesrepublik Deutschland seinen Höhepunkt erreicht. 1956 wurden 110 Filme gedreht, 817,5 Millionen Kinobesucher gezählt. Mit dem Siegeszug des Fernsehens ging es abwärts, jedes Jahr durchschnittlich um 10 Prozent mit dem Tiefstand von 115,1 Millionen im Jahr 1976. Ebenso sank die Zahl der Kinos von 6438 auf 3092.

Zu Beginn der 60er Jahre sagte eine Gruppe junger Filmemacher Papas Kino den Tod an und forderte auf den Kurzfilmtagen in Oberhausen in ihrem Oberhausener Manifest eine neue deutsche Filmförderung, die 1965 mit der Gründung des »Kuratoriums des deutsche Films« verwirklicht wurde. Das war die Basis für die »Neue Welle des Jungen deutschen Films«, die mit den Regisseuren Wim Wenders, Werner Herzog, Rainer Werner Fassbinder, Volker Schlöndorf und Wolfgang Petersen dem deutschen Film für eine gewisse Zeit Weltgeltung verschaffte.

Mit immer neuen Filmwellen versuchte die deutsche Filmwirtschaft dem Abwärtstrend zu trotzen: Heimatfilme, Schlagerfilme, Edgar Wallace- und Karl May-Verfilmungen, Sex- und Aufklärungsfilme. Vergebens. Zuerst starben die Provinz- und die Vorstadtkinos. Heute gibt es nur noch 950 Kinostandorte in Deutschland mit 4700 Kinosälen. Die »Überlebenden« wurden von ihren Besitzern in mehrere Säle unterteilt. Kino-Center entstanden. Aus großen Kinopalästen wurden kleine Schachtelkinos mit einem vielfältigen Programmangebot und geringeren Personalkosten. 1991 eröffnete der Programmkinobetreiber Hans-Joachim Flebbe in Essen das erste Multiplex-Kino, das der nüchternen Zweckmäßigkeit der von Filmfreunden negativ beleumdeten Schachtelkinos einen neuen Kinotyp entgegensetze, der ein völlig neues Kinogefühl vermittelte: das totale Filmerlebnis mit Riesenleinwänden, optimaler Bild- und Tontechnik, großzügiger Sitzplatzeinrichtung und garantierter Blickfreiheit durch Aufstufung der Sitzreihen. Dem hatten die Berliner Ku'dammkinos nichts entgegen zusetzen. Einst war der Kurfürstendamm die florierendste Kinomeile Deutschlands. Von einst 22 Kinos existieren heute nur noch zwei, nachdem die Multiplex-Kinos überwiegend den Ostteil der Stadt überzogen. Heute gibt es noch immer 260 Kinosäle in Berlin, verteilt auf 56 Kinostandorte.

Zu Beginn der 70er Jahre lockte ein neuer Kinotyp junges Publikum an, der nicht nur gute Filme zeigte, sondern diese auch in Themengruppen gebündelt vorführte, in Programmreihen und eigenen Festivals, die sowohl den Filmemachern des unabhängigen Kinos ein Forum boten wie den Entdeckungen des Populärfilms als Kunst: kommunale Kinos und Programmkinos. Letztere haben heute ihr traditionelles Image verloren, da die einst prägende Programmsäule des Repertoireprogramms durch die Konkurrenz der Neuen Medien abgesägt wurde. Aus den Programmkinos wurden die Arthouse-Kinos.

Im digitalen Zeitalter ist das Kino nur noch eine von vielen Möglichkeiten des Filmkonsums. Mit der Vielzahl der freien Fernsehsender hat der TV-Gucker jeden Tag kostenlose Auswahl unter 50 verschiedenen Filmtiteln, an Feiertagen erhöht sich die Zahl auf weit über 200. Der DVD-Markt bietet spätestens nach einem halben Jahr jeden neuen Film für den heimischen Bildschirm an. Filmpiraten rauben die neuesten Streifen im illegalen Untergrund noch vor dem Kinostart zur persönlichen Bildschirmsichtung. Hollywood gräbt die Filmschätze vergangener Zeiten auf und wertet sie als in Bild und Ton perfekte digitale Scheibe aus. Die Bildschirme werden immer größer, das TV-Bild immer besser und Raumton kann sich jeder selbst im Wohnzimmer installieren. Wozu noch ins Kino gehen? Es ist wie mit dem Wettrennen zwischen Hase und Igel. Jeden Etappensieg des Kinos um die Zuschauergunst durch neue Attraktionen kontert das Fernsehen mit dem Ausruf: »Ich bin auch schon da.«

Das neue Zauberwort heißt 3D: Die digitale Aufbereitung eines alten Huts aus den 50er Jahren in neuer Perfektion erscheint als die Rettung der Multiplexe. Zwar ist der Besuch im Jahr 2010 gegenüber 2009 von 136 Millionen auf 126 Millionen gesunken, aber dank erhöhter Eintrittspreise für den 3D-Aufpreis ist der Kartenumsatz gestiegen. Keine Lösung für Programmkinos, die mehr auf filmische Qualität setzen denn auf Effektüberwältigung des Publikums.

Multiplex-Pionier Flebbe geht einen neuen Weg mit seiner Version eines teuren Luxuskinos, wie es in der Berliner Astor Film Lounge zu besichtigen ist. Da das Publikum immer älter wird und sich im Jugendwahn der Multiplexe nicht wohlfühlt, scheint diese Ausprägung einer neuen Kinokultur eine vielversprechende Zukunftsperspektive.

Wie oft ist das Kino schon totgesagt worden, aber gestorben ist es noch nie.

# Kinogeschichte 53

## Weltstars im filmkunst 66:
## Kevin Spacey und Bob Hoskins

Die Welturaufführung von Kevin Spaceys zweiter Regiearbeit »Beyond the Sea« fand im »filmkunst 66« statt. Weil sein Filmteam nicht genügend Karten für die Premiere im Zoo-Palast kriegen konnte, hat Kevin Spacey flugs das »filmkunst 66« angemietet für eine zeitlich frühere Vorstellung, damit das komplette Team mit Star Bob Hoskins noch rechtzeitig zum Filmende auf der Bühne des Zoo-Palastes stehen konnte. Zur Begrüßung überreichte ich Kevin Spacey einen großen, aktuellen Artikel aus der »Süddeutschen Zeitung« über sein Londoner »Old Vic«-Theater, dessen künstlerischer Leiter er ist.

Nachdem Kevin Spacey sein Team und seine Freunde im Kinosaal begrüßt hatte und der Film gestartet worden war, fragte er mich, ob ich ihm bei der Übersetzung des Artikels ins Englische helfen könne. Es war eigentlich eine unerfüllbare Herausforderung an mein Englisch-Gedächtnis, nicht nur wegen der Länge des Artikels, der auf der großformatigen Kulturseite der »Süddeutschen Zeitung« die halbe Fläche einnahm, sondern vor allem wegen der kunstvoll gedrechselten Schreibweise des Autors, die sowohl dem Niveauanspruch der Zeitung Rechnung trug wie der kulturellen Thematik. Indem ich die feinsinnig aneinandergereihten Worte, Verben und Adjektive, für ich keine englischen Vokabeln fand, all ihrer Feingeistattribute beraubte und auf das nackte Wortskelett ihres nüchternen Sinns reduzierte, gelang es mir, noch vor dem Ende des Films die Übersetzung zu Ende zu bringen. Spacey lud mich zum Dank ein, ihn doch mal in seinem »Old Vic« zu besuchen, wenn ich in London sei. Aber gern doch, gleich bei meinem nächsten London-Besuch, der nie stattfinden wird.

Er war sehr erstaunt, dass man in Deutschland seine Theaterarbeit wahrnimmt und noch mehr erfreut, dass dieser Artikel um so vieles besser war als alles, was in London über ihn geschrieben wurde.

Denn trotz Starbesetzung mit Namen wie Richard Dreyfuss, Jeff Goldblum und Matthew Modine kamen seine Theateraufführungen bei der Londoner Kritik nicht so gut an wie seine filmischen Auftritte.

Durch diese Begegnung mit Weltstars, die ich schätze, wurde mir wieder einmal bewusst, wie selbstverständlich, wie problemlos der Umgang mit den richtigen Weltstars ist. Zickig sind nur die Möchtegernstars, die es nie schaffen werden.

### Kurzinfo: Was 2005 sonst noch geschah

Kardinal Joseph Ratzinger wird Papst – Terroranschläge in London – Wirbelsturm »Katrina« verwüstet New Orleans – Gerhard Schröder stellt die Vertrauensfrage und gibt den Weg zu Neuwahlen frei: Große CDU/SPD-Koalition unter Angela Merkels Führung – Erste freie Wahl in Afghanistan – Jugendkrawalle in Frankreichs Vorstädten – Linkspartei gründet sich – Folterskandal im irakischen Gefängnis Abu Ghuraib – Bombenanschlag auf Bali – Gestorben: Papst Johannes II, Fürst Rainer von Monaco, Ephraim Kishon, Brigitte Mira, Max Schmeling, Maria Schell – Start der Filmhorror-Serie Saw« von James Wan – Film des Jahres: Ang Lee »Brokeback Mountain« - Kinohit des Jahres: Mike Newell »Harry Potter und der Feuerkelch« - Programmkino-Hit: Woody Allen »Match Point« - »filmkunst 66«-Hit: Dani Levy »Alles auf Zucker« - weitere Premieren: Wolfgang Murnberger »Silentium«, Christopher Nolan »Batman Begins«, Paul Haggis »LA Crash«.

# Kinogeschichte 54

# Hochsicherheitstrakt »filmkunst 66«

Es waren schon berühmtere Leute im »filmkunst 66« als der italienische Politiker Leoluca Orlando, der zur Premiere des Filmessays »Palermo flüstert« von Wolfgang Gaudlitz ins Kino kam. Er spielte die Rolle eines Uhrmachers, der symbolträchtig die Uhr des Rathauses von Palermo repariert. Am Anfang hatte die Uhr gar keine Zeiger. In Palermo brauchte man auch keine, denn es gab keinen Respekt vor der Vergangenheit und keine Hoffnung für die Zukunft. Sagt Orlando.

Niemals war das Erscheinen eines Prominenten mit einem solchen Sicherheitsaufwand begleitet worden, galt doch der langjährige Bürgermeister von Palermo und erfolgreiche Mafia-Bekämpfer als höchst gefährdete Person. Sicherheitsbeamte überprüften das gesamte Kinogelände, studierten die Notausgangssituation und durchsuchten mit Spürhunden den Kinosaal. Während der Vorstellung saßen vier bewaffnete Polizeibeamte in Zivil an strategisch wichtigen Punkten im Saal. Zwei Autos parkten startbereit direkt vor dem Kinoeingang.

Spannend war das schon, aber passiert ist nichts. Leoluca Orlando diskutierte vor und nach dem Film in bestem Deutsch, das er sich in seiner Heidelberger Studienzeit angeeignet hatte, mit dem Publikum über die Macht der Mafia, die an jedem Abend Pause hatte.

### Kurz-Info: Leoluca Orlando

* 1.8.1947. Leoluca Orlando, Jurist und Politiker, war von 1985 bis 2000 Bürgermeister von Palermo – eine Zeit, die als »Primavera di Palermo« (Frühling in Palermo) gilt, da es ihm gelungen war, durch ein komplexes Projekt der zivilen Erneuerung die Allmacht der Mafia im sizilianischen Alltag zurückzudrängen. Im Kampf gegen die Mafia konnte er das Gesetz des Schweigens, die »Omerta«, brechen und im »Kampf der Frauen« fand er

eine breite Unterstützung in der weiblichen Bevölkerung. 2002 gab er sein autobiografisches Buch »Ich bin der Nächste« heraus und später einen Erzählband »Der sizilianische Karren«. Für sein politisches Engagement wurde er mehrfach ausgezeichnet: Goethe-Medaille in Weimar, Erich-Maria-Remarque-Preis und Konrad Adenauer-Preis.

In Wolfgang Gaudlitz' Filmdokumentation »Palermo flüstert« tritt er als Uhrmacher auf, der die kaputte Zeit repariert. Für den Film und sein Buch begab er sich 2005 auf eine Lesereise in Deutschland. Bei der Bürgermeisterwahl 2007 verlor er knapp gegen eine Rechts-Mitte-Koalition. Der »Berlusconismus« hatte in Palermo wieder gesiegt. Aber nicht endgültig. Heute ist Leoluca Orlando wieder Bürgermeister von Palermo.

# Kinogeschichte 55

## Der Bundespräsident im Kino

So viel Absicherung wie bei Leoluca Orlando war für den höchsten deutschen Staatsvertreter nicht erforderlich, als er sich im »filmkunst 66« als normal zahlender Besucher zusammen mit Frau Gemahlin den Gérard Depardieu-Film »Chanson d`Amour« ansah. Einen Tag vorher kamen zwei Sicherheitsbeamte, um das Terrain zu sondieren und die Sicherheitssituation abzuklären. Dann lösten sie, um jede Vorteilsnahme des hohen Amtes auszuschließen, vier Eintrittskarten, zwei für das Präsidentenpaar, zwei für sich selbst. Einer saß in der Vorstellung neben Herrn Köhler, der andere hinter ihm. Der Präsident wünsche keine Sonderbehandlung, war die Bewacher-Devise. Diesen Wunsch haben wir erfüllt.

Ruhig und geduldig wie alle anderen Besucher reihte sich Herr Köhler mit Gefolgschaft in die Reihe der auf den Einlass wartenden Besucher ein. In meiner verhängnisvollen Art der Anfangszeitengestaltung hatte ich bei diesem überlangen Film in völliger Unterschätzung der Erfolgserwartung viel zu kurze Zeitintervalle zwischen den Vorstellungen eingeplant. Es dauert allein schon 5 Minuten, um aus einem vollen Kinosaal alle Besucher zu vertreiben, insbesondere wenn die letzten erst nach Schließen des Vorhangs beginnen, sich wieder ihre Schuhe anzuziehen und zuzubinden, ihre Mäntel überziehen, ihren Schal suchen, ihre Geldbörse oder ihr Handy, nach dem sie verzweifelt unter ihrem Sitz fahnden. Ich hatte aber nur 7 Minuten Zeitintervall eingeplant. Da stand die Schlange nun seit einer halben Stunde vor verschlossener Kinotür und mittendrin unser aller Bundespräsident, umringt von Scharen tuschelnder Kinogäste, denen die Präsenz des höchsten deutschen Würdenträgers zu einem völlig neuen Kinogefühl verhalf.

Im Gegensatz zu seiner Amtszeit hielt er den Film ganz durch. Nach dem Film haben wir ihn nicht mehr gesehen, denn er musste den Saal im Gedränge der anderen 199 Besucher das Kino über den Notausgang verlassen.

Eine Woche später erhielten wir ein Dankschreiben des Bundespräsidenten, in dem er sich für ein schönes Filmerlebnis bedankte. Ein ehrenwerter Mann, der noch wusste, was sich gehört. Im Gegensatz zu seinem Nachfolger.

## Kurzinfo: Was 2006 sonst noch geschah

Vogelgrippe in Westeuropa – Islamischer Protest gegen Mohammed-Karikaturen – Wahlsieg der Hamas in den palästinensischen Autonomiegebieten – Atomstreit mit dem Iran – Linkstrend in Südamerika: Perus Präsident Evo Morales verstaatlicht Öl- und Gasfirmen – Natascha Kampusch entkommt nach 8 Jahren ihrem Entführer – Todesurteil für Saddam Hussein – Ende eines Sommermärchens: Deutschlands Fußballelf verpasst durch den Sieg Italiens das Endspiel – Gestorben: Robert Altman, Shelley Winters, Jack Palance, Glenn Ford, Frank Beyer, Rudi Carrell, Stanislaw Lem, Philippe Noiret, Henri Nannen, Johannes Rau – Film des Jahres: Florian Henckel von Donnersmark »Das Leben der Anderen« - Deutscher Kinohit: Tom Tykwer »Das Parfüm« - Programmkino-Hit: Woody Allen »Scoop« - »filmkunst 66«-Hit: Xavier Gianoli »Chanson d'Amour« - weitere Premieren: Alejandro González Innáritu »Babel«, James Mangold »Walk the Line«, Philip Noyce »Der ewige Gärtner«, Pedro Almodòvar »Volver«.

# Kinofeind Nr. 1

Neben heißem Sommerwetter ist die alle vier Jahre stattfindende Fußball-Weltmeisterschaft der größte Kinofeind. Auch die naheliegende und nicht allzu fantasievolle Programmkonzentration auf Frauenfilme kann die Besuchermisere nicht aufhalten. In Zeiten der Fußball-WM ist die Qualifizierung von Fußball als reiner Männersport in den Bereich der Legende zu verweisen. Wenn dank der unglücklichen zeitlichen Datierung sich dieses weltumspannende Sportevent auch noch mit einem sechswöchigen sommerlichen Dauerhoch paart, was 2006 zum deutschen Sommermärchen verklärt wurde, so potenzieren sich die beiden schlimmsten Grausamkeiten, die das Leben dem Kinobesitzer antun kann, zu einem Dauertief in der Kinokasse, das vor meinem geistigen Auge die Schreckensvision von der Endzeit des Kinos und von der Einsamkeit des letzten Filmbetrachters im leeren Saal hervorrief.

Bei der WM 2006 hatte ich einen Programmeinfall, den ich damals für das Programm-Ei des Columbus hielt in der mir aus heutiger Sicht naiv erscheinenden Annahme, je höher der Intelligenz- und Bildungsgrad des Publikums ist, desto besser sei es gegen die Versuchungen des Fußballfiebers gefeit. Ich gestaltete das kulturell hochtrabendste Festival, das ich mir je ausgedacht habe: ein Klassik-Filmfestival aller Sparten der Hochkultur: Theater, Oper, Ballett. Die Mühe hätte ich mir sparen können. Auch das Volk der Denker und Dichter guckt lieber Fußball.

Ein Kinovorfall brachte die Präferenz der Besucher auf den Punkt. Im Festivalprogramm durfte Wagners »Ring des Nibelungen« natürlich nicht fehlen. Und wie jeder klassisch Gebildete weiß, geht der »Ring« über vier abendfüllende Runden, keine unter vier Stunden Dauer. Zur Neugierde-Befriedigung des Personals und des Publikums hatte ich im Foyer einen kleinen Fernseher aufgestellt. Nun fiel die Pause des »Nibelungen-Rings« genau in das Elfmeterschießen der deutschen Mannschaft. Wie lange sich so etwas hinziehen kann, weiß seit WM-Zeiten jeder Deutsche. Und so versuchte der Filmvorführer vergeblich, ein Ende der Pause zu signalisieren. »Nix da«, sagte unser klassisches Bildungsbürgerpublikum. »Erst wird zu Ende geschossen, dann kann weitergesungen werden.«

Wenn schon der harte Kern der Wagnerianer dem Fußballwahn erliegt, dann hat die Kultur keine Chance mehr.

## Kurzinfo über Wagnerianer

Loriot: »Für einen Wagnerianer gehört die »Matthäuspassion« auf das Feld der leichten Muse, während ihm die »Götterdämmerung« kurzweiliger erscheint als eine »Nacht in Venedig.«

# Kinogeschichte 57

# Späte Leidenschaft

Auch im hohen Alter ist man noch entwicklungsfähig. Ich musste 60 werden, bis ich meine Liebe zum Ballett entdeckte. Zwar hatte ich in der Absolvierung meiner klassischen Bildungslaufbahn auch mal den Tschaikowski-Klassiker »Schwanensee« als kulturelle Pflichtübung abgehakt, ohne dass sich der Wunsch nach weiteren Darbietungen dieser Art geregt hatte. Das geschah erst 30 Jahre später. In einer schlaflosen Nacht zappte ich durch die Fernsehprogramme und blieb in einer Aufführung von »Die Bayadère« hängen. Im Schlussakt schwebten 30 ebenso weiß wie leicht bekleidete Tänzerinnen in totaler Bewegungsharmonie zur träumerischen Musik über die Bühne. Ich war wieder hellwach und fasziniert. Und wahrscheinlich der einzige in Deutschland, der dieses Ballett um diese Zeit gesehen hatte. Es war 1 Uhr nachts. Denn so entledigen sich die öffentlich-rechtlichen Fernsehkanäle ihres Kulturauftrags, indem sie Minderheitenprogramme zu einem Zeitpunkt ausstrahlen, da das gebildete, kulturinteressierte und mittelalterliche Zielpublikum schon seit Stunden schläft und somit gesichert ist, dass ein Minderheitenprogramm auch realiter ein Minderheitenprogramm bleibt.

Da ich nie der Versuchung widerstehen konnte, mein Kinopublikum für Filmerlebnisse zu gewinnen, die mich selbst begeistern, erfreute ich bald auch das »filmkunst 66«-Publikum mit einer Ballettfilmreihe am Sonntag-Nachmittag, die auf digitaler Basis abgespielt wird, denn all diese Ballettfilme gibt es nicht als 35-mm-Filme. Während Multiplexe sich ein kulturelles Image mit digitalen Live-Übertragungen aus den großen Opernhäusern der Welt zulegen, sorgt eine enthusiastisch begeisterungsfähige Stammgastschar im »filmkunst 66« für Live-Atmosphäre, wenn es die Filmauftritte der Ballettstars aus Vergangenheit und Gegenwart beklatscht, als säße man im Theater. Für dieses treue Publikum ist der Sonntag Nachmittag im Kino ein ebenso fester Pflichttermin wie die ARD-»Sportschau« am frühen Samstagabend für die Fußballfans.

Dass die Schar der Ballettfreunde kleiner ist als die der Fußballfangemeinde, wird niemanden verwundern. Im Verhältnis gleicht sie der Anzahl der Programmkinos gegenüber den Multiplexen des Mainstreamkinos, mit ihrem Programmengagement dafür sorgend, dass Filmkunst selbst in den kleinsten Städten Deutschlands erlebbar ist.

## Kurzinfo: Was sonst noch 2007 geschah

UN-Bericht zum Klimawechsel schockiert – Der Orkan »Kyrill« hinterlässt in Westeuropa eine Spur der Verwüstung und 45 Tote – Amokschütze tötet in amerikanischer Universität 32 Menschen – Eisbär-Baby Knut wird Besucherhit im Berliner Zoo – Nicolas Sarkozy wird französischer Präsident – Die militante Hamas-Bewegung übernimmt die Macht im Gazastreifen – Lothar Bisky und Oskar Lafontaine gründen die neue Partei »Die Linke« – Edmund Stoiber tritt als bayerischer Ministerpräsident zurück – Die pakistanische Oppositionsführerin Benazir Bhutto wird Opfer eines Attentats – Nach dem Rücktritt Tony Blairs wird Gordon Brown sein Nachfolger – Deutschlands Fußballerinnen werden Weltmeister – Gestorben: Ingmar Bergman, Carlo Ponti, Evelyn Hamann, Norman Mailer, Mario Pavarotti, Klausjürgen Wussow, Hansjörg Felmy, Boris Jelzin. Kinohits des Jahres: David Yates »Harry Potter und der Orden des Phönix« und »Gore Verbinski »Piraten der Karibik« – Programmkino-Hit: Stephen Frears »The Queen« – »filmkunst 66«-Hit: »Robert Altman's Last Picture Show« – weitere Premieren: Bird, Peterson »Ratatouille«, Steven Soderbergh »Ocean's 13«, Ang Lee »Gefahr und Begierde«, Giullermo del Torro »Pans Labyrinth«.

# Kinogeschichte 58

## Woody Allen in Concert

Auf unserer Amerikatour in den Goldenen Westens Kaliforniens haben wir in New York für ein paar Tage Zwischenstation gemacht. Wenn schon New York, dann muss ein Freitag dabei sein, denn dies ist der Tag, da Woody Allen – und das wissen alle seine Fans – regelmäßig in »Michael's Pub« mit seiner Dixielandjazzband auftritt. Im Hotel angekommen, habe ich als allererstes dort angerufen, um uns eventuell einen Platz zu reservieren. »Sie können ruhig kommen«, bekam ich zur Antwort. »Aber Woody Allen kommt nicht. Er dreht gerade und hat Nachtaufnahmen. Aber nächsten Freitag ist er wieder da.« Aber ich nicht! Ich will nun nicht behaupten, völlig umsonst nach New York geflogen zu sein. Sehenswert ist die Weltstadt auch ohne Woody Allen und in zweieinhalb Tagen gar nicht zu erforschen.

Jahre später konnten wir nachholen, was wir in New York verpasst hatten: Woody Allen and Band in Concert. Der Verleih eines neuen Woody Allen-Films hatte es arrangiert, dass er mit seiner Band durch die größten Städte Deutschlands tingelte und eine erlesene Auswahl von Kinobesitzern nicht nur zum Konzert eingeladen, sondern auch zu einem kurzen Handshaking-Besuch hinter der Bühne. Ich will nun nicht das Klischee benutzen, dass ich mir seit der Begrüßung mit Woody Allen nicht mehr die rechte Hand gewaschen habe, aber ein erhebendes Gefühl war es doch, seinem Idol so direkt zu begegnen.

Diese Euphorie verflog, als Woody zu musizieren begann. Sein Talent als Komiker übertrifft sein musikalisches bei weitem. Seine abrupte Spieltechnik, die auch falsche Töne nicht verschmäht, lies mich nur wehmütig zurückdenken an legendäre Jazzklarinettisten wie George Lewis oder Sidney Bechet, die ich als Jugendlicher noch live auf der Bühne erlebt hatte.

Als Woody Allen-Filmfan werde ich ihm auch weiterhin treu bleiben, aber nicht als Jazzfan.

## Kurz-Info: Was 2008 sonst noch geschah

Barack Obama wird US-Präsident – Kosovo wird unabhängiger Staat – Steuerskandal um Postchef Klaus Zumwinkel – Dmitri Medwedew wird russischer Regierungspräsident – Pleite der Lehman Brothers löst weltweite Finanzkrise aus – Vor der Küste Somalias kapern Seeräuber Großtanker und fordern Lösegeld – SPD-Chef Kurt Beck geht, Vorgänger Franz Müntefering übernimmt – Andrea Ypsilanti scheitert bei der Hessenwahl – Fidel Castro zieht sich auf Kuba aus dem Regierungsgeschäft zurück – Gestorben: Mel Ferrer, Heath Ledger, Anthony Minghella, Paul Newman, Sidney Pollack, Yves Saint Laurent, John Crichton, Charlton Heston, Jörg Haider – Kinohit des Jahres: James Bond »Ein Quantum Trost« von Marc Foster – Programmkino-Hit: Coen-Brothers »No Country for Old Men« - »filmkunst 66«-Hit: Sidney Lumet »Tödliche Entscheidung – Weitere Premieren: Julian Schnabel »Schmetterling und Taucherglocke«, Matteo Garrone »Gomorrha«, Dennis Gansel »Die Welle«, Woody Allen »Vicky Christina Barcelona«.

# Kinogeschichte 59

# Eine kurze Lektion über
# die Entwicklung der Vorführtechnik:
# Vom 35-mm-Film zu D-Cinema

Ob der Einbau einer Klimaanlage im Vorführraum, um die Hitzeaus-strahlung des digitalen Projektors zu dämmen, wohl meine letzte Investition in die Modernisierung der Kinotechnik ist? Wie sich die Kinotechnik im Lauf von vier Jahrzehnten weiterentwickelt und ver-ändert hat, spiegelt sich in der Geschichte des »filmkunst 66« wider. Als ich das Kino übernahm, wurde noch vorgeführt wie zur Stumm-filmzeit (natürlich mit Ton). Im Vorführraum standen zwei Filmpro-jektoren, mit denen kleine, rund 20 Minuten lange Filmrollen im gegenseitigen Wechsel vorgeführt wurden. Es lag an der Qualität des Vorführers, ob der Zuschauer den Filmrollenwechsel merkte oder nicht.

Untrügliches Merkmal dieses einsamen Männerberufs ist eine zwangsneurotische Schwatzhaftigkeit, die keiner zeitlichen Begren-zung unterliegt. Da kommt es schon mal vor, dass der Vorführer im Eifer seines Monologs den Filmwechsel vergisst. Die Filmrolle läuft mit laut knackendem Nachspannband durch, ein blendend heller Lichtklecks blitzt kurz auf. Dann ist totale Stille und Finsternis im Saal. Erst ein Pfeifkonzert der Besucher erinnert den Vorführer an seine Überblendungspflicht. Der erste Modernisierungsschub kam mit der Umstellung auf größere Filmrollen mit einstündiger Laufzeit, was die Rollenwechselgefahr für geschwätzige Vorführer minimierte.

Mitte der 70er Jahre haben sich die Programmkinos mit finanzieller Hilfe des »Kuratoriums Junger Deutscher Film« professionelle Schmalfilmprojektoren angeschafft, um die aus Kostengründen auf 16-mm gedrehten Filme deutscher Nachwuchsregisseure in guter Kinoqualität zeigen zu können, was auch die Programmvielfalt erwei-terte für die Programmierung von Filmklassikern, die es auf 35-mm gar nicht oder nicht mehr gab.

Bis in die Fünfziger Jahre war der unveränderliche Standard der Vorführtechnik ein Filmbild, dessen Leinwandformat 1:1.37 (Seitenverhältnis von Höhe zu Breite) noch aus der Stummfilmzeit stammte und einem leicht rauschenden Lichtton. Der Siegeszug des Fernsehens veränderte alles. Im vergeblichen Kampf um das Publikum punktete Hollywood mit größeren Bildformaten und Stereoton, demonstrierte die Überlegenheit des großen Kinobildes gegenüber dem kleinen TV-Bild. Das Breitwandformat Cinemascope (Leinwandformat 1:2.35) und rauschfreier Magnetton aus allen Kanälen sollten das Publikum wieder ins Kino locken. Die heute meist gebräuchlichen Breitwandformate 1:1.66 und 1:1.85 kamen hinzu. Und Riesenbildformate, die heute wieder verschwunden sind: ToddAO, Cinerama, 70mm. Und das damals Kopfschmerzen verursachende 3 D-Kino, das heute in neuer digitaler Perfektion erfolgreich wiederbelebt wird.

Mit den Multiplexen begann die Teller-Saison. Das zu einer Riesenrolle zusammengeklebte Gesamtprogramm wird über einen Spulenturm von einem großen Teller auf einen anderen Leerteller aufgespielt und liegt nach dem Ende des Films wieder startklar auf Anfang, bereit für die nächste Vorstellung. Auf den Filmstreifen aufgeklebte Markierungspunkte steuern den gesamten Filmablauf. Wenn der Vorführer nach drei Minuten – gestoppte Profi-Bestzeit – den Film eingelegt hat, übernimmt er den Einlass und startet die nächste Vorstellung vom Saalregler aus per Knopfdruck.

Der rauschfreie Dolby-Stereoton verbesserte die Klangtechnik nachhaltig – Effektlautsprecher an allen Seiten sorgen für Raumton rundum im Saal, das mächtige Dröhnen der Subwoofer lässt es prächtig krachen in den Explosionen der Actionspektakel, was im »filmkunst 66« immer wieder zu besorgten Besucherfragen führt, ob es denn hier auch so unerträglich laut sei wie in den Multiplexen.

Digital heißt das Zauberwort der Zeit. Digitalton ist vielen Kinos längst Standard. Doch die digitale Filmvorführung ist noch das Reizwort der Branche. Hollywood will die Digitalisierung der Filmvorführung weltweit durchpeitschen und setzt auf einen hohen, teuren Standard, den eigentlich nur die großen Multiplexe mit ihren Riesenleinwänden brauchen. Es heißt 2K (DCP-Projektionsformat). Das steht für Bildauflösung und Helligkeit. Und kostet jedes Kino

70.000 €. Warum sollen Kinobesitzer die Zeche bezahlen für eine technische Neuerung, die allein den Verleihern nutzt, weil sie die hohen Kosten für das Ziehen von Filmkopien einsparen? Der normale Kinobesucher stellt keinen Unterschied zwischen analoger und digitaler Projektion fest. Nur der Fachmann erkennt die Feinheiten: Das Licht der digitalen Farbwiedergabe wirkt kälter als das warme Licht der 35-mm-Projektion. Unbestreitbarer Vorteil des digitalen Kinos: Der Film hat stets die gleiche Wiedergabequalität. Keine Laufstreifen verunzieren das Bild, die das Kennzeichen schlecht gewarteter Kinos und langer Filmlaufzeiten sind. Auch wird kein Farbfilm ob seines hohen Alters schamhaft erröten.

Überzeugt von einer neuen Dimension der Bildqualität überdenke ich meine nostalgische Passion für das mein ganzes Kinoleben begleitende 35-mm-Format, dessen unverbesserliche Wahrzeichen die Zuschauer wahrnehmen im hellen Flimmern des Kinobildes, in der schöner als die Wirklichkeit strahlenden Leuchtkraft der Farben von Technicolor, in der jede Einstellung grundierenden Bildkörnung, im kaum spürbaren Zittern des Bildstands, im dezenten Knacken von Kratzern und Rauschen von Staubpartikeln auf der Tonspur, in der gegen jedes Filmrollenende zunehmenden Ansammlung von Schrammen, Laufstreifen, Querstrichen und dunklen Punkten auf der Leinwand. All das, was dem 35-mm-Film Leben einhaucht, wird verschwinden in der kalten Perfektion des digitalen Kinos.

Seit dem 3D-Boom ist die digitale Filmvorführung in den Multiplexen Standard. Anders als Filmkunsttheater und kleine Landkinos können diese durch Aufpreise für 3D ihre technische Umrüstung finanzieren. Aber was machen die Programmkinos und die kleinen Provinzkinos, die diese Rechnung nicht aufmachen können? Warum sollen Sie Geld, das Sie nicht haben, in etwas investieren, was nicht mehr Besucher ins Kino lockt? Die wollen einen guten Film in guter Vorführung sehen. Ob dies analog oder digital erfolgt, ist ihnen egal.

Hilfe naht, seit gefühlten zehn Jahren. Seitdem diskutieren die Verbände der Verleiher und der Kinobesitzer, die Filmförderungsanstalt eine gemeinsam finanzierte Grundlösung. In unregelmäßig stattfindenden Gipfelkonferenzen gibt es ein zur Endlösung ausgerufenes Zusammentreffen, das ebenso wenig wie die Politikgipfel zu einem konsensfähigen Ergebnis führt.

So lange diese Grundfrage nicht geregelt ist und auch das preiswertere europäische Digitalformat E-Cinema, das für kleinere Kinosäle die gleiche Bildqualität bietet, von den amerikanischen Verleihfirmen nicht akzeptiert wird, laufen nicht digitalisierte Kinos Gefahr, in naher Zukunft von den US-Verleihern nicht mehr beliefert zu werden. Sie könnten dann die neuen Filme von Woody Allen oder Martin Scorsese nicht mehr spielen.

Die Multiplexe haben mit der Vielzahl ihrer großen Säle, riesigen Leinwänden und ihrer totale Blickfreiheit gewährenden Reihenaufstufung neue Kinostandards gesetzt, die traditionelle Kinos wie das »filmkunst 66« nicht einhalten können. Wir können nur unsere Kinotechnik optimieren, mit einem besseren Programm dagegenhalten, das der Effektüberwältigung des Publikums einen künstlerischen und gesellschaftspolitischen Anspruch entgegensetzt.

## Kurzinfo: Was 2009 sonst noch geschah

Mit der Pleite der Lehmann-Bank beginnt in New York die erste Finanzkrise – Autokrise: Abwrackprämie soll helfen – Notlandung im Hudson River – Bei U-Bahn-Bauarbeiten stürzt das Kölner Stadtarchiv ein – Amoklauf in Winnenden: Es sterben 9 Schüler und 3 Lehrer – Gestorben: Barbara Rudnik, Johann Mario Simmel, Robert Enke, Michael Jackson, Patrick Swayze, Maurice Jarre, Pina Bausch, Peter Zadek, David Carradine – Kinohit: James Cameron »Avatar« – Deutscher Kinohit: Till Schweiger »Zweiohrküken« – Programmkinohit: Danny Boyle »Slumdog Millionär« – filmkunst 66-Hit: Clint Eastwood »Gran Torino« – weitere Premieren: David Yates »Harry Potter und der Halbblutprinz«, Ron Howard »Illuminati«, Catherine Hardwick »Twilight«, Todd Philips »Hangover«, Stephen Daldry »Die Vorleserin«, Gus van Sant »Milk«, Peter Docter »Oben«, David Fincher »Der seltsame Fall des Benjamin Button«

# Kinogeschichte 60

## Meine Lehrjahre als Filmförderer

Mitte der 80er Jahre wurde ich von der Filmförderungsanstalt FFA für die Kommission der Projektfilmförderung nominiert, die darüber entscheidet, welche Filmproduktionen in Deutschland gefördert werden und welche nicht. Das hörte sich nach einer interessanten Aufgabe an, die mir die Möglichkeit eines Einflusses bot auf die in meinen Augen wirklich förderungswürdigen Filme. Was ich nicht in meinen schlimmsten Träumen ahnte, war der Zeitaufwand, den es bedeutete, all diese Drehbücher zu lesen und die Kalkulationen zu studieren, die Unmöglichkeit, aus der Lektüre auf die Gestaltung des Films zu schließen, auf seine kommerziellen oder künstlerischen Erwartungschancen, denn dazu bedürfte es hellseherischer Fähigkeiten angesichts von Drehbüchern, die so gar nichts gemein haben mit den klassischen Drehbüchern à la Hollywood, wo auf der linken Seite zu lesen war, was der Zuschauer später sehen würde, und auf der rechten Seite stand, was die Darsteller sagen würden.

Die Drehbücher von heute lesen sich wie Romane mit dem einzigen Unterschied der Unterteilung der Filmszenen mit den Überschriften »Drinnen / Draußen« und »Tag / Nacht«. Nicht die geringste Andeutung darüber, wie der Regisseur die einzelnen Szenen filmisch aufzulösen gedenkt, keine Aufklärung über die Positionen der Kamera, das Wirken des Filmschnitts, den Einsatz des Tons, die Begleitung der Musik – also alles das, was Kino eigentlich ausmacht. Der Juror kann lediglich beurteilen, ob die Filmgeschichte gut ist, ob sie spannend oder langweilig, komisch oder dramatisch ernst erzählt wird, ob die Filmcharaktere psychologisch nachvollziehbar handeln und ob die Dialoge realistisch formuliert sind. Einzig, wenn man die Regisseure aus der intimen Kenntnis ihres bisherigen Schaffens einschätzen kann und sich die Persönlichkeit der Darsteller vor Augen führt, kann man sich vorstellen, wie der Film einmal aussehen könnte. Aber es gibt keine Garantie dafür, dass die in der Besetzungsliste aufgeführten Regisseure und Schauspieler auch wirklich diesen Film machen werden und bei der Mehrzahl der eingereichten Filmprojekte sind die meisten Schauspieler ebenso unbekannt wie die Regisseure, die gerade ihren ersten Film drehen.

Meine erste Kommissionssitzung war gleich der Sprung ins kalte Wasser. Vier Tage vor der ersten Sitzung, für die eigentlich die Filmjournalistin Gesine Strempel vorgesehen war, mit der ich diese Aufgabe im alternierenden Wechsel teilte, hat sie mir eine Kiste mit 23 Drehbüchern vor die Tür gestellt, da sie krankheitsbedingt diesen Termin nicht wahrnehmen konnte. Das letzte Drehbuch habe ich im wahrsten Sinn des Wortes auf dem Frühflug nach dem Tagungsort München überflogen.

Das einzige Drehbuch, das mir richtig gut gefiel, war ein Drehbuch des Andy Warhol-Regisseurs Paul Morissey, der die Geschichte eines jungen Mädchens erzählt, das aus der tiefsten Provinz in die pulsierende Metropole Berlin reist, um dort ihre Unschuld zu verlieren, was ihr aber durch einen Episodenreigen komischer, bizarrer und schockierender Zufälle nicht gelingt. Da war ich aber der einzige, der seine Stimme für diesen Film erhob. Wenn ich glaubte, ich könnte wie einst Henry Fonda in »Die 12 Geschworenen« die 12 Verschworenen der Förderkommission von meiner Meinung überzeugen, dann hatte ich eine völlig falsche Vorstellung davon, wie Filmförderung funktioniert. Da saßen die paritätisch auserwählten Verbandsmitglieder und Bedenkenträger der Alt- und Jungproduzenten, des Drehbuchverbandes, des Verleiherverbandes, des Verbandes der Filmjournalisten und der Filmtheater, die Vertreter der Kirchen, der staatlichen Filmförderung, der Filmförderungsanstalt, der Fernsehanstalten und Videoanbieter und sahen mich mit vor Entsetzen geweiteten Augen und vorwurfsvollem Blick an, stellten mir mit der geballten Macht sittlicher Entrüstung die um meine moralische Verwahrlosung besorgte Frage, wieso ausgerechnet ich als Aushängeschild der deutschen Programmkinos ein solch spekulatives Machwerk befürworten könne, dessen Höhepunkt in Sachen Geschmacklosigkeit darin gipfelt, dass jenes Mädchen in einem Bordell ausgerechnet ihrem Vater als Kunden begegnet. Der Film wurde abgelehnt und nie gedreht, aber es war eine späte Genugtuung, dass auf der nächsten Berlinale der spanische Film »Der Bienenkorb«, in dem genau diese Szene vorkam, mit dem »Goldenen Bär« als Bester Film ausgezeichnet wurde.

Für die folgenden Sitzungen nahm ich mir mehr Zeit, um argumentativ besser vorbereitet zu sein. Und zumindest einmal gelang es mir, einen Film gegen alle Widersacher durchzusetzen. Und so waren die drei Jahre in der Filmförderungskommission doch nicht ganz umsonst.

## Kurz-Info: Filmförderung in Deutschland

1968 wurde die Deutsche Filmförderungsanstalt (FFA) gegründet als öffentliche Einrichtung des Bundes zur Förderung der deutschen Filmwirtschaft auf der Basis von Qualität und Kommerzialität. Die FFA wird allein durch die Filmwirtschaft finanziert. Kinos, Filmverleiher, Fernsehanstalten, Videoanbieter – alle, die vom Film profitieren, zahlen an die FFA: die Kinos je nach Umsatz 1,8 Prozent bis 3 Prozent vom Kartenverkauf.

Zusätzlich haben auch die Bundesländer eine Filmförderung eingerichtet, um den heimischen Produktionsfirmen einen Anschub zu geben. Das führt zum Spezialgenre des deutschen Reisefilms, in dem die Protagonisten auf völlig unmotivierte Ausflüge in entfernte deutsche Regionen gehen mit dem einzigen Produktionszweck, die dortige Filmförderung abzugreifen.

In erster Linie ist das Fördersystem in Deutschland darauf ausgerichtet, die Filmproduktion zu fördern. Darüber hinaus finanziert die FFA Vertriebsmaßnahmen der Filmverleiher. Dies alles als verlorene Zuschüsse, die nur im Erfolgsfall zurückgezahlt werden. Für die frühzeitige Filmbelieferung umsatzschwacher Landkinos bezahlt die FFA Zusatzkopien. Und neuerdings auch den Einsatz von Kurzfilmen in Arthouse-Kinos. Ansonsten gibt es als Almosen an die Kinos einen kleinen Teil der Einzahlungen zurück für Neuinvestitionen. Und zinslose Investitionsdarlehen, die zurückgezahlt werden müssen.

# Kinogeschichte 61

## Meine Lehrjahre als Filmjuror

Gleich nachdem meine Prüfungszeit in der Filmförderkommission überstanden war, kam das nächste Kommissionsangebot, in der FBW, der Filmbewertungsstelle, die die wenig beachtete Prädikate »Wertvoll« und »Besonders wertvoll« erteilt. Grundsätzlich lehnte ich erst einmal ab, da ich meine karge Freizeit nicht erneut belasten wolle. Auf die Frage, wieso man ausgerechnet auf mich verfallen sei, erhielt ich die Antwort, dass man mehr junges Blut in der Kommission haben wollte. Da war ich aber auch schon 50, was einen erhellenden Blick wirft auf die altersmäßige Zusammensetzung der FBW. Mit dem Hinweis, dass ich viele Filme für mein Programm zeitlich weit im Voraus sehen könne und dass es mich nicht mehr Zeit kosten würde als acht Tage im Jahr, die ich aber auch als Kurzurlaub betrachten könne, ließ ich mich überreden.

Meine erste Sitzung war die schönste. Mit mir tagten mein Bremer Kinokollege Gerd Settge, der Leiter des Kommunalen Kinos Hamburg Heiner Ross und der Filmkritik schreibende Staatsanwalt Dietrich Kuhlbroth. Nach jeder Sitzung fuhren wir durch die milden Frühlingslüfte des Rheingaus rund um Wiesbaden zu den besten Weinrestaurants der Gegend, um nach Beendigung der Filmtests die Lokalitäten zu testen unter der besonderen Beachtung ihrer lukullischen Feinheiten und lokalen alkoholischen Spezialitäten. Nur der Kommissionsvorsitzende konnte an diesen allabendlichen Abschlussbesprechungen nicht teilnehmen, da er einsam und alleine auf seinem Hotelzimmer saß, um die unterschiedlichen Meinungen über jeden Film schriftlich zusammenzufassen. Unsere Tagesarbeit nahmen wir so ernst, dass die regelmäßigen Diskussionen nach jeder Vorführung manchmal länger dauerten als der ganze Film, bei den Kurzfilmen sowieso.

Zu jeder Sitzung werden die Ausschussmitglieder in immer wieder neuen Kombinationen zusammengewürfelt, weshalb man stets neue Gesichter kennenlernt und ebenso alte Bekannte wiedertrifft, deren

Urteilsvermögen ich im Lauf der Zeit so genau einschätzen konnte, dass für mich das strikt geheim gehaltene Personenkarussell der Sitzungsrunde, die das einen öffentlichen Medienskandal auslösende Prädikat »Besonders wertvoll« für »Rambo« verbrochen hatte, kein Geheimnis war. Leid tat mir nur der Vorsitzende dieser Ausschusssitzung, der als einziger gegen das Prädikat gestimmt hatte, es aber öffentlich wider seine eigene Meinung verteidigen musste. Die hierzulande in der Musik geltende Abwertung zwischen E- und U-Musik, ernsthafter Musik und Unterhaltungsmusik, gilt nicht für die Filmbewertung: Action-Filme oder Komödien sind prädikatisierenswert, wenn sie innerhalb der Konventionen des Genres überdurchschnittlich gut gestaltet sind.

Als meine Frau nach neun Jahren meine Nachfolge in der FBW antrat, war der Informationsfluss weiter gewahrt.


## Kurzinfo: Die Filmbewertungsstelle FBW

Die Filmbewertungsstelle der Länder (FBW) wurde 1951 gegründet. Die Länder bestimmen die Auswahl der Medienfachleute, die die Prädikate »Wertvoll« und »Besonders wertvoll« vergeben: Kulturbeamte, Kinobetreiber, Festivalleiter, Vertreter von Filminstitutionen, Filmkritiker, Leiter kommunaler Kinos. Insgesamt 85 Personen, die in wechselnden Konstellationen für vier Tage in Wiesbaden zur Beurteilung von Spiel- und Dokumentarfilmen sowie Kurzfilmen zusammenkommen. Nach der Abschaffung der Vergnügungssteuer sind die einst Steuer ersparenden Prädikate für die Filmverleiher heute nicht mehr so zwingend wie in den 50er Jahren. Für die großen amerikanischen Verleiher haben die Prädikate Image-Bedeutung, unerlässlich sind sie für deutsche Filme, da die Prädikate ihnen den Zugang zu Filmförderungsmitteln verschaffen. Die Prädikate werden nur auf Antrag vergeben: Daher haben die meisten der Programmkinofilme kein Prädikat, weil die Antragskosten zu hoch sind für kleine Filmkunstverleiher.

# Kinogeschichte 62

## Meine Lehrjahre als Kinojuror

Eine Kommission gab es noch zu absolvieren: den Vergabeausschuss für die Kinoprogrammpreise des Bundes. Ein Preisregen, der sich einmal im Jahr über die deutschen Filmkunsttheater ergießt. Nicht die finanzielle Bedürftigkeit, sondern die Programmqualität ist das Kriterium für die Vergabe der Kinopreise. Sonst könnten die Kinos einfach ihre Bilanzen einreichen und alle Beteiligten hätten viel Arbeit gespart: Die Kinos müssten nicht eine Woche Zeitarbeit einplanen, um jeden Film, jede Vorstellung, alle Besucherzahlen einzeln aufzulisten – die Vergabekommission müsste nicht drei Tage lang alle Programme miteinander vergleichen, dabei berücksichtigen, dass ein Provinzkino unter anderen Besuchervoraussetzungen arbeitet als ein Mittel- oder Großstadtkino und dass ein Platzhirsch, der alle Filme bekommt, die er haben will, andere Programmgestaltungsmöglichkeiten hat als ein Kino-Einzelgänger, der um jeden Film kämpfen muss. Und da das Prämiengeld nie reicht, um alle zu berücksichtigen, wird es immer Kinos geben, die sich über die Ungerechtigkeit der Preisvergabe beklagen.

Erste Voraussetzung für ein Jurymitglied ist das Vorhandensein eines Großraumbüros, um die mindestens 15 Kisten zu stapeln, in denen sich die Film für Film auflistenden Anträge der damals rund 170 Bewerber befinden. Es war eine in jeder Beziehung gewichtige, den letzten Winkel des Kofferraums meines Autos genau ausfüllende und für tief liegende Hinterachsen sorgende Paketsammlung, die ich als Urlaubslektüre mitnahm, um sie am Hotelpool zu studieren.

Die wenigen Kinos, deren Programme aus der Masse durch ihre Einzigartigkeit der Programmgestaltung herausragten, konnte ich an zwei Händen abzählen, doch sie in den Genuss der höheren Prämien zu bringen, war nach den damaligen Statuten nicht möglich: Sie hatten zu wenig oder verdammenswerter Weise gar keine deutschen Filme gespielt. Schließlich ist das ein deutscher Kinopreis. Und wenn man in den höheren Prämienrunden mitspielen will, muss man diesem Anspruch auch gerecht werden und viele deutsche Film spielen und dies möglichst lange, weshalb einmal ein Kino in konsequenter Auslegung dieser Spielregel den Spitzenpreis erhielt, weil es den deutschen Programmkinohit des Jahres spielplanmäßig am längsten ausgequetscht hatte.

Wie ich höre, gilt diese Grundregel heute nicht mehr. Sonst hätte ich auch nie diesen Spitzenpreis bekommen.

## Kurzinfo: Kinoprogrammprämien – Überlebenselexier der Arthouse-Kinos

Seit Mitte der 70er Jahre vergibt der Bund Kinoprogrammprämien für besonders gute Jahresprogramme, die anfangs vom Bundesinnenministerium gewährt wurden. Nach der Gründung des Amtes des »Bundesbeauftragten für Kultur und Medien« fiel diese Prämienausschüttung in neue Kompetenz. Die Gesamtsumme der zur vergebenden Mittel erhöhte sich zuletzt auf 1,5 Millionen €, mit denen im letzten Jahr 170 Kinos bedacht wurden.

Eine von den Kino- und Verleiherverbänden ausgewählte und mit Kulturbeamten, Kinobesitzern und Kritikern besetzte Jury vergibt Prämien in unterschiedlicher Höhe, bei denen es auch Zusatzprämien für gute Kinder-, Dokumentar- und Kurzfilmprogramme gibt. Die einzelnen Auszeichnungen dotieren zwischen 5.000 und 15.000 €. Ein Kino erhält den Hauptpreis für das beste Jahresprogramm.

Zusätzlich gewähren auch die einzelnen Bundesländer Kinoprogrammprämien in unterschiedlicher Höhe und Großzügigkeit. Die Anträge für die Gewährung der Kinoprogrammprämien können glücklicherweise sowohl an den Bund wie an die Länder in gleicher Form eingereicht werden. Das erleichtert die zeitraubende Auflistung des gesamten Kinospielplans mit allen Lang- und Kurzfilmen, ihrer Kennzeichnung als deutsche Filme, als Kurz-, Dokumentar- und Kinderfilme, der Anzahl ihrer Vorstellungen und Besucher.

Die von »Europa Cinema« aufgrund ihres europäischen orientierten Spielplans aufgenommenen Kinos erhalten eine finanzielle Belohnung, die sich rein additiv nach der Anzahl und Vorstellungszahl der gespielten europäischen Filme richtet.

Gemeinsam stellen all diese Kinoprogrammpreise eine Grundsicherung für die Existenz der deutschen Programmkino-Szene dar, ohne die viele Kinos nicht überleben könnten.

# Kinogeschichte 63

## Cannes denn Kino Sünde sein?

Mit dieser Frage warb Kinokollege Gunter Rometsch in seiner Anzeige für die »Cannes-Rolle«, den alljährlichen Zusammenschnitt der
besten und originellsten Werbespots. Für uns war Cannes immer ein
Filmfestival, bei dem der Weg dorthin das Schönste war. Da der Flug
nach Nizza zu teuer war, sind wir immer mit dem Auto nach Cannes
gefahren, jedes Mal auf einer anderen Alpen-Route in den sonnigen
Süden, wobei ich lieber auf zeitraubenden Serpentinen-Höhenwegen
meine Fahrkünste ausgetestet habe anstatt die schnelleren Tunnel-
unterquerungen zu nutzen, die mir den Ausblick auf Gipfel-
Panoramen vorenthielten, was mir als Natur- und Bergfan wichtiger
war als neue Temporekorde im Nordsüdverkehr aufzustellen. Angesichts der Billigflüge hat sich die Kalkulation der Reisekosten heutzutage ins Gegenteil verkehrt. Bei den derzeitigen Benzinpreisen und
Übernachtungskosten kann man sich eine Autoreise nach Cannes
nicht mehr leisten.

In jenen Zeiten konnte es schon bei der Ausreise aus dem ummau-
erten Berlin zu ersten Verzögerungen kommen dank der unendlichen
Möglichkeiten schikanöser Abfertigungstechniken, mit denen die
immer sächselnden und stets unduldsam die DDR bewachenden
Grenzer jede Transitfahrt nach Westdeutschland zu einem mit voller
Spannung erwartenden Geduldsspiel gestalteten, das die Staatsall-
macht der armen Verwandten gegenüber den reichen Verwandten
demonstrierte. Es hat sich als nicht sehr ratsam erwiesen, mit dem
ostdeutschen Grenzpersonal einen launigen oder sogar scherzhaften
Umgangston zu pflegen. Das durfte ich als zeitraubende Erfahrung
verbuchen, als einer meiner im Auto mitreisenden Begleiter die Standardfrage, ob wir Waffen bei uns hätten, mit der Gegenfrage beant-
wortete: »Braucht man die hier?« und ein anderes Mal, als ich bei der
Einreise in die DDR, die uns Westberlinern für einen Tag bei Vorla-
ge des grünen Reisepasses gestattet war, auf meine Frage, was ich
denn vorzuzeigen habe, der kontrollierende Beamte mit einer für den

ostwestdeutschen Grenzverkehr absolut unüblichen Scherzhaftigkeit erwiderte: »Alles, was grün ist!« Woraufhin ich es mir nicht verkneifen konnte, ebenfalls scherzhaft zu parieren: »Auch meine Socken?« Ein Spruch, den meine Frau Stunden später als völlig unangebracht kritisierte. Denn daraufhin war Schluss mit lustig. In einer Diktatur ist das Scherzen nur den Mächtigen gestattet.

Zeitlich weit im Voraus muss man sich ein Hotel oder Appartement sichern, am besten in Nähe des »Bunkers«, wie der Festival-Palais im Volks- und Journalistenmund heißt. Hat man den luxuriösen Marmoreingang des Hotels passiert, wird man beim Öffnen des Hotelzimmers schnell desillusioniert durch die spartanische Zimmerausstattung, die gefühlte zwei Klassen unterhalb der Hotelklassifizierung liegt.

Frühmorgens um 9 Uhr musste man sich in die lange Schlange der Wartenden vor dem Festivalgebäude einreihen, um sich Karten für eine der beiden »Soirèes« zu sichern. Was aber noch lange nicht heißt, dass man auch in das Festival-Palais hineinkommt. Davor sind ein paar Hürden gesetzt.

Für die Damen ist Abendkleidung vorgeschrieben, für die Herren Smoking und Fliege. Mit Krawatte können Sie gleich wieder umkehren, wenn Sie nicht der Hauptdarsteller oder Regisseur des Films sind. Und wenn Sie das Pech haben, dass gerade vor Ihnen das Team des Films die Schranke vor dem roten Teppich durchschreitet wie Catherine Deneuve, die so dicht vor mir stand, dass ich sie hätte streicheln können, wenn ich mich denn getraut hätte, dann bleibt in diesem Augenblick die Schranke für alle Zeiten geschlossen und die Eintrittskarte nutzt Ihnen gar nichts mehr, auch wenn weitere 100 Besucher enttäuscht mit ihren Karten in der Hand wedeln. Die französischen Flics, Pistolen- und Schlagstockbewehrt, riegeln alles mit grimmiger Entschlossenheit ab.

Um Stars zu sehen, muss man nicht unbedingt in die Festspielkinos gehen. Manchmal reicht es auch schon, höflich und rücksichtsvoll zu sein. So drückte ich im Fahrstuhl des Festivalbürobaus auf die Stopptaste des Aufzugstürschließers, als ich eilige Laufschritte hörte. Und wer betrat da atemlos und dankbar nickend den Fahrstuhl: Kirk Douglas. Fünf Sekunden Aufzugfahren mit einem Weltstar. Das sind Aufzugsfahrten, die man nicht vergisst.

In jener Zeit vor der Erderwärmung, da wettermäßig der heiße Juli noch nicht auf den April, der regenreiche November noch nicht auf den August und der sonnige August noch nicht auf den Oktober fiel, war es nach den kühlen Wintertagen in Deutschland eine Wonne, erstmals abends draußen zu sitzen am Hafen und in den Nebengassen, wo sich ein Restaurant ans andere reiht und es der Informationshoheit der Canner Dauergäste bedarf, sich die besten, und nicht die teuersten Lokalitäten auszusuchen. Pünktlich zum Festivalbeginn werden die Preise erhöht.

Es ist von Vorteil, wenn Grundkenntnisse der französischen Sprache noch nicht durch das Gedächtnissieb der Vergesslichkeit gesickert sind. Der ganz Sprachunkundige kann sich trotzdem sicher durch die Lokalitäten bewegen, wenn er nur einen Grundspruch kennt: »L`addition s`il vous plait!« – Die Rechnung bitte! Wenn man allerdings nicht die korrekte Aussprache beherrscht, kann es zu peinlichen Fehlern kommen, wie es mir einstmals geschah, als ich ein Pfeffersteak bestellte, wobei ich nicht die phonetisch richtige Aussprache benutzte, die »stäk o poàvre« lautet und nicht »stäk o povre«, woraufhin mich der Kellner verwundert anblickte, was nicht verwunderlich war, denn was ich da bestellt hatte, war sinngemäß übersetzt ein »Steak für Arme«.

Die Film-Guck-Pflicht in Cannes ist auf den Abend der Festivalvorführungen beschränkt. Anders als in Berlin gibt es für die Filme der Nebensektionen keine Karten. Man muss sich in die lange Schlange der Wartenden mit Festivalausweis einreihen. Nur die Besitzer des Filmmarktausweises, für dessen Erwerb aber ich zu geizig bin, da ich mir für den gleichen Preis auch eine Woche All-Inklusiv-Urlaub auf Mallorca samt Flug leisten könnte, eilen ihren Ausweis zückend ungehindert ins Festivalgebäude. Wenn man stundenlang vergeblich auf Einlass gewartet hat, gibt man dieses Bemühen um Filmsichtung der Nebenreihen ohne Bedauern auf.

Da ist es viel schöner am Strand direkt neben dem Festivalgebäude zu liegen und den ersten Sprung ins noch kühle Wasser des Mittelmeeres zu wagen, das zu dieser Jahreszeit gerade mal gefühlte 18 Grad erreicht – eine Temperatur, die einen Sylt-Fan wie mich nicht abschrecken kann, der froh ist, wenn die Nordsee im Juli diese Gradzahl erreicht.

So teuer Cannes auch immer ist, so war es doch für uns ein preiswertes Vergnügen, war es doch der einzige Urlaub, den wir von der Steuer absetzen konnten.

## Kurz-Info: Das Filmfestival-ABC für Programmkinos

Als Programmkinomacher muss man zu den wichtigsten Filmfestivals fahren, um sich frühzeitig über geschäftlich und künstlerisch interessante Filme zu informieren und um sich im Optimalfall diese schon dort zu sichern.

Wer es rein deutsch mag, fährt Mitte Januar zum Max Ophülspreis nach Saarbrücken, dem Festival des deutschsprachigen Nachwuchsfilms, dessen Alleinvertretungsanspruch längst in Frage gestellt ist: Die Berlinale wartet in ihrer Reihe »Perspektiven« mit der Sektion »Junger Deutscher Film« auf, das Münchner Filmfest Ende Juni lockt junge Regisseure mit Preisgeldern für den besten deutschen Film und Heinz Badewitz, der Urvater des Jungen Deutschen Films, richtet seine »Hofer Filmtage« Ende Oktober als Hofstadt des Jungen Deutschen Kinos aus, wobei in meiner Erinnerung mehr die persönliche Begegnung mit den Hofer-Regisseurentdeckungen Roger Corman, David Cronenberg, Brian de Palma und John Carpenter haften bleibt.

Die Berlinale mit ihren verschiedenen Festivalsektionen ist ein reines Arbeitsfestival, dessen unübersehbare Filmfülle tagsüber noch verstärkt wird durch die »Gilde Screenings« der Arthouse-Verleiher, die im Kino »Hackesche Höfe« mit weiteren 40 Titeln ihre filmische Frühlings- und Sommerkollektion vorstellen.

Traum jedes Kinobetreibers ist das Filmfestival in Cannes. Wenn es mir gelang, dort Filme wie »L.A. Confidental« oder »Desperado City« zu sichern, war das teure Vergnügen auch bezahlt. Das »Münchner Filmfest« Anfang Juli haben wir immer mit einem Urlaub in den nahen Bergen vervollkommnet. Sommeridylle pur ist Mitte August das Festival in Locarno am Lago Maggiore, dessen leicht überschaubares Programm genügend Zeit lässt, die zauberhafte Landschaft zu genießen.

Venedig haben wir immer ausgelassen, so sehr der Zauber der Lagunenstadt uns immer wieder reizt. Anfang September liegt es zeitlich zu dicht an der »Filmmesse Leipzig«, auf der die Arthouse-Filmverleiher ihr nächstes Halbjahresprogramm vorstellen: 60 Filme in 4 Tagen, 15 Filme pro Tag. Wer dann noch nicht geschafft ist, kann gleich anschließend zum »Hamburger Filmfest« weiterfahren, dem Nachfolger des einst von der AG Kino aus der Taufe gehobenen Festivals der Programmkinos.

Nach den »Hofer Filmtagen« Ende Oktober ist dann Pause bis zum nächsten Jahr.

# Kinogeschichte 64

## Günther Jauch im »filmkunst 66«

Da ich abends in ein Jazzkonzert ging, war mir nicht die Gnade gewährt, Deutschlands Fernsehliebling Nr. 1 live im eigenen Kino zu erleben. Ich stand abmarschbereit im Kino, als das Telefon klingelte und sich ein Mann namens Günther Jauch meldete, um zwei Karten für den Film »In ihren Augen« zu bestellen. Ob es wohl noch andere Günther Jauchs gibt? Obwohl ich seinen Namen genau verstanden hatte, fragte ich noch einmal am Telefon nach seinem Namen, um am Klang der Stimme feststellen zu können, ob er denn wirklich sei. Er war es. Meine Frau Rosemarie hat es dann übernommen, um ihn zu becircen, sich in unserem goldenen Gästebuch zu verewigen. Das kann sie sowieso besser als ich. Im Gästebuch steht folgender Eintrag:

»Was für den Stier das rote Tuch, ist für mich das Gästebuch.«

Und anschließend: »Es hat mir sehr gut gefallen. Wie schön, dass es noch solche Kinos gibt.«

In einer Stadt mit einer Promidichte wie Berlin gibt es kaum eine bekannte Persönlichkeit aus Politik, Wirtschaft und Kultur, die noch nicht im »filmkunst 66« war.

### Kurzinfo: Promis im »filmkunst 66«

Percy Adlon, Corinna Harfouch, Ursula Monn, Terence Davis, Ulrike Volkerts, Detlev Buck, Hal Hartley, Ray Harryhausen, Helnwein, Jules Dassin, Klaus Löwitsch, Dennis Hopper, Liv Ullmann, Michael Ballhaus, Manfred Krug, Russ Meyer, Rosa von Praunheim, Marianne Sägebrecht, Vadim Glowna, Andrej Tarkowski, Richy Müller, Katja Riemann, Bruno Ganz, Christoph Waltz, Ulrich Deppendorf, Dieter Hildebrandt, Franka Potente, Hanns Zischler, Eckart von Hirschhausen, Wolfgang Joop, Jürgen Vogel, Maybrit Illner, Otto Sander, Theo Koll, Otto Schily, Peer Steinbrück, Richard von Weizsäcker, Loriot, Elisabeth Trissenahr, Konstantin Wecker, Reinhard Mey, Anke Engelke, Till Schweiger, Rainer Werner Fassbinder, Brigitte Mira, Henry Hübchen, Angela Winkler, Dani Levy, Kevin Spacey, Edgar Reitz, Horst Evers, Daniel Brühl, Jack Palance

Filmgeschichte 65

# Abschied von Cannes, Abschied vom Kino

Nach den geschäftlich guten ersten Monaten des Jahres 2010 gönnten wir uns zum Abschiednehmen noch einmal Cannes. Das gebuchte Wohndomizil war das Cannes-Schnäppchen des Jahres, wies doch die schriftliche Buchungsbestätigung statt einer Woche einen Zeitraum vom Anfang Mai bis Mitte Dezember 2010 aus. Das hätte einen schon in Versuchung führen können: acht Monate Cannes in einem Appartement mit Meeresblick zum Dumpingpreis von 1.15 € pro Tag, wenn wir nicht so unverbesserlich ehrliche Menschen sein würden, die es nicht unterlassen konnten, das zeitliche Versehen dem Reisebüro mitzuteilen.

Wie sehr hatte sich doch Cannes verändert in all den Jahren, da wir nicht mehr hingefahren waren. Nur eins war gleich geblieben, die Schwierigkeiten, Karten für die Abendvorstellung zu bekommen. Auch wenn die frühmorgendliche Wartezeit durch den Kartenabruf am Computerterminal verkürzt wurde, so war das beim vorherigen Kartenabholer frei verfügbare Kontingent von noch 150 freien Plätzen wie von Zauberhand verschwunden, sobald ich meine Akkreditierungskarte für die niedere Kaste popeliger deutscher Kinobesitzer eincheckte.

So von Filmsichtungspflichten weitgehend befreit, konnten wir alles nachholen, wofür wir früher nie Zeit hatten, nämlich das bergige Hinterland und alle die schönen Orte an der Côte d`Azur zu entdecken. Vor dem Abflug machten wir noch einen Strandspaziergang. In weiser Voraussicht hatte ich meine Badehose eingesteckt, um wenigstens am letzten Tag im Meer zu baden. Ich weiß noch, wie kalt das Wasser war, weshalb ich schnell den kühlenden Fluten entstiegen bin. Danach weiß ich nichts mehr. Nicht, wie ich mich abgetrocknet und angekleidet habe. Nicht, wie ich wohl als besinnungsloser Zombie meiner Frau zum Hotel hinterher getrottet bin. Wie aus einem Trancezustand erwachend, finde ich mich im Hotelgarten wieder. Wo bin ich denn? Ach ja, in Cannes und im Hotelgarten. Und wer ist die fremde, schöne Frau neben mir? Ach ja, das ist ja meine Ehefrau. »Ich gehe jetzt noch im Pool schwimmen«, sagte ich zu ihr.

»Bist du wahnsinnig? Unser Bus zum Flughafen geht in einer halben Stunde«, entgegnete sie entrüstet, schon die ganze Zeit verwundert über mein seltsames Verhalten. Mir fehlten 20 Minuten meines bewussten Lebens.

Zurück in Berlin wurde im Krankenhaus festgestellt, dass ich einen leichten Schlaganfall gehabt hatte, ein »Schlägli«, wie der aus Schwaben stammende Arzt in freundlicher Umschreibung feststellte. Nach diesem Schockerlebnis erwuchs in mir der feste Entschluss, mit 70 nicht weiterhin sorglos Raubbau mit meinen noch vorhandenen Körperkräften zu treiben und das Kino spätestens zum Jahresende zu verkaufen, wenn ich auch dann nicht mehr das Jubiläumsjahr »40 Jahre filmkunst 66« in meinem Kino verbringen konnte.

Es gehört zum bewährten Selbstausbeutungsprinzip des Selbstständigen, dass er die 40-Stunden-Woche nur als Teilzeitarbeit betrachtet, die er gerne als Tagesminimum absolvieren würde, wenn es denn ginge. Und wenn er die Arbeit nicht realiter mit nach hause nimmt, so tut er dies doch geistig, sodass sich Freizeit und Arbeit unter vorbehaltloser Inanspruchnahme des Wochenendes unauflöslich miteinander verweben. Die einzige Möglichkeit, mich zu entspannen und zu erholen, war die Urlaubsflucht aus Berlin, wo ich dank der Vorzüge des handyfreien Urzeitalters in heute unvorstellbarer Unerreichbarkeit vor den Gefahren der Unersetzlichkeit gefeit war und noch selbst entscheiden konnte, wann und warum ich mit dem aus meinem Bewusstsein verbannten Kinobetrieb in Verbindung setzten sollte oder wollte. Doch jetzt stand das Alter vor der Tür. Oder war es schon da? Jedenfalls beschleunigte mein Abschied von Cannes meinen Abschied vom Kino.

Mit unserem Entschluss das Kino an die Filmproduzentin Regina Ziegler zu verkaufen, schließt sich ein Kreis. Einer der ersten großen Filmerfolge im »filmkunst 66« war »Ich dachte, ich wäre tot«; der erste Film, den Regina Ziegler produziert hat, und dessen Überraschungserfolg den Grundstein gelegt hat für den Aufstieg der Regina Ziegler-Produktion.

Nun hat sie auch das Kino, in dem ihre große Produzenten-Karriere begann.

## Kurzinfo: Was 2010 sonst noch geschah

Das Jahr der Katastrophen: Erdbeben in Haiti, China, Chile mit 300.000 Toten – Monsum in Pakistan: 1700 Tote – Love Parade-Katastrophe in Duisburg: 20 Tote, 500 Verletzte – Ölkatastrophe im Golf von Mexiko – Erdrutsch und Überschwemmung in Rio de Janeiro: 300 Tote – Bombenanschläge in Moskau: 40 Tote – Flugzeugabsturz in Smolensk, Tod des polnischen Präsidenten – Vulkanausbruch Eyjafjallajökur in Island verursacht Flugverbot – Grubenunglück in Chile: 33 Verschüttete werden nach Monaten gerettet – Bundespräsident Köhler tritt zurück, Christian Wulff wird sein Nachfolger – Gestorben: Petra Schürmann, Dennis Hopper, Heidi Kabel, Leslie Nielsen – Film des Jahres: Christopher Nolan »Inception« - Kinohit des Jahres: Quentin Tarantino »Inglorious Bastards« - Programmkino-Hit: Tom Ford »A Single Man« - »filmkunst 66«-Hit: Juan José Campanella »In ihren Augen« – weitere Filme: Jason Reitmann »Up in the Air«, Jacques Audiard »Un Prophet«, Andrea Arnoöd »Fish Tank«, Xavier Beauvais «Von Göttern und Menschen«.

# Kinogeschichte 66

## My Last Picture Show

Mit »Franz Stadlers Last Picture Show« habe ich mich von unseren Stammgästen verabschiedet. Ich habe es sehr bedauert, dass nicht alle unsere Stammgäste daran teilnehmen konnten, denn meine allerletzte Kinovorstellung am 30.12. im »filmkunst 66« war genau so schnell ausverkauft wie die Silvestervorstellungen all die Jahre davor. In der Pause verwöhnten mich viele Besucher mit der Beichte ihrer Lebenserinnerungen, die enger mit dem Kino verbunden waren, als ich es vermutet hätte, diskutierten über Gelungenes und Misslungenes, schwärmten von unvergesslichen Kinoerlebnissen und wollten alles übers Kino wissen, was sie schon immer wissen wollten, aber bislang nicht zu fragen wagten. Für Wehmut des Abschieds war keine Zeit und ich war nicht verwundert, dass ich am ersten Silvester-Abend, den ich nach vielen Jahren zuhause verbrachte, die mitternächtlichen Wünsche nur noch mit heiserer Stimme flüstern konnte.

Für den ersten Teil hatte ich eine Filmcollage zusammengestellt, die im Schnelldurchlauf von 8 Minuten 80 Filmausschnitte von Filmen und Darstellern zur Musikbegleitung des unsterblichen »Casablanca«-Songs »As Time goes by« präsentierte: alles das, was im Programmkino entdeckt worden war. Kino für Kenner und für Schnellmerker. Und anschließend etwas längere Filmausschnitte von den spektakulärsten Szenen des Genrekinos: Szenen aus »Stage Coach«, »Bullitt«, »Is' was, Doc?«, »Die Marx Brothers im Krieg«, »Ben Hur« und »2001« – in sich geschlossene Filmsequenzen, die sich als magische Momente des Kinos unsterblich in das Filmgedächtnis der Zeit eingegraben haben.

Nach der Pause wollte ich ganz persönlichen Abschied nehmen von meinem Kino, indem ich mir gemeinsam mit meinem Publikum meine 20 Lieblingstrickfilme ansah, die einen langen Filmabend auf humorige Weise beschlossen. Ein Gesamtprogramm, das keine Trauerveranstaltung sein sollte und den individuellen Programmstil des »filmkunst 66«in all seinen Aspekten repräsentierte.

Doch dieser nostalgische Abschied von meinem Kino war mir nicht vergönnt, platzte doch Tom Tykwer als allerletzter Überraschungsgast nach der Pause ins Kino. Eigentlich wollte er pünktlich erscheinen, doch seine Maschine aus London hatte Verspätung. Anstatt gleich heim zu Frau und Kind zu eilen, kam er sofort ins Kino. Der Mann weiß Prioritäten zu setzen. Natürlich setzten wir uns im Foyer zusammen, schwärmten von alten Zeiten, da er noch Kollege und Programmmacher im »Moviemento«-Kino war. Im Verlauf des Gesprächs gestand er mir, dass er nur wegen des »filmkunst 66«-Programms nach Berlin gekommen sei. So ein Programm gebe es nirgendwo, schon gar nicht in seiner Heimatstadt Wuppertal.

Tom Tykwer ist der einzige, den ich kenne, der seinen Traum von der großen Filmkarriere verwirklicht hat – im »Do-it-yourself«-Verfahren zum Erfolgsregisseur von Weltruf. Trotz seiner Erfolge ist Tom sich gleich geblieben: unkompliziert, freundschaftlich und begeisterungsfähig. Dass er zu meinem Abschied ins Kino kam, hat mich überrascht und tief berührt. Irgendwas muss ich doch bewegt haben in all dieser Zeit. Auf einen großen Wandteller hat Tom Tykwer sich mit einem für alle Zeiten eingebrannten Spruch verewigt:

»Danke, Franz, für so viele glückliche Stunden im 66«.


**Kurzinfo: Filmzitat über Individualismus**
Graham Chapman in »Das Leben des Brian« (1979):
  »Wir sind alle Individualisten.«
  Die Menge: »Wir sind alle Individualisten.«
  Mann in der Menge: »Ich nicht!«

# Epilog

## Die Schatten der Vergangenheit

Genauso wollte ich es haben. Nach dem Verkauf hundertprozentige Trennung vom Kino. Keine wehmütigen Kontrollgänge um das Kino und keine Programmüberwachung. Weg vom Kino, weg von Berlin und Beginn eines völlig neuen Lebensabschnitts.

Als wir unseren Freunden unsere Zukunftspläne offenbarten, waren sie zutiefst traurig und konnten es gar nicht fassen, dass wir als lebenslange Großstädter in die kinolose Provinz ziehen. All ihre emotional unterfütterten Überredungskünste konnten uns nicht umstimmen. Vergebens trumpften sie mit dem ultimativen Totschlagsargument des Berufs-Berliners auf: Wie können wir auf all das verzichten, was Berlin an kultureller Vielfalt bietet? – Gewiss, es ist toll, es ist einmalig. Aber es war doch immer nur ein kleiner Bruchteil, was wir von all dem haben wahrnehmen können, aus zeitlichen und finanziellen Gründen.

Und was die Esskultur betrifft: Die beginnt schon am frühen Morgen mit einem knackig-frischen Brötchen, in dessen Genuss wir in unserer Berliner Wohnung – obwohl von drei Bäckern im Zwei-Minuten-Gehentfernung umzingelt – unser gesamtes Berliner Leben lang nie gelangt sind. Schon beim Aufschneiden der Schrippen verwies dieses mechanisch klingende Sägegeräusch, das an das Durchtrennen von Styropor erinnert, darauf, dass es auch so schmecken wird, wie es klingt.

Hier in Langenberg erweisen sich die morgendlichen Brötchen als lukullischer Hochgenuss. Da hat der Tag schon mal gut angefangen, auch wenn abends kein Sir Simon Rattle Open Air dirigiert, kein Vladimir Malakhov über die Bühne tanzt, keine Corinna Harfouch, Sophie Rois oder Henry Hübchen und Ulrich Matthes im städtischen Theater auftreten. Wenn wir mal Großstadtluft, Kulturduft und Kinoatmosphäre schnuppern wollen, fahren wir in die nächsten Städte wie Lippstadt, Gütersloh oder Bielefeld, die für uns nicht weiter entfernt sind, als wenn wir in Berlin von einem Bezirk in den anderen fahren: Städte, in denen ein ganz eigenes kulturelles Leben blüht, das es zu entdecken gilt.

Starglanz in die Provinz bringen die Gastspiele bekannter Großstadtbühnen und Balletttheater wie dem von John Neumeier, sommerliche Sinfoniekonzerte im Schlosshof von Rheda, Schauspielerlesungen von Bruno Ganz oder Walter Sittler, Auftritte meiner Lieblingskabarettisten Dieter Hildebrandt, Volker Pispers und Georg Schramm. Wenn ich die Kulturgenüsse meines ersten neuen Lebensjahres in der Provinz zusammenzähle, habe ich hier mehr erlebt als in meinem letzten Berlin-Jahr.

Wegziehen aus Berlin, das haben wir schon einmal geprobt. Und waren nach kurzer Zeit wieder aus Sylt zurück. Unfreiwillig. Hier bleiben wir. Freiwillig. Neugierig auf alles Neue, auf ein völlig neues Leben sind wir aufs Land gezogen umgeben von blühenden Landschaften, in ein kleines Haus mit Garten, das wir uns in Berlin nicht hätten leisten können. Das Landleben ist nicht nur billiger, es ist auch gesünder. Kartoffeln, Eier, Fleisch- und Wurstwaren holen wir beim Biobauern, Spargel direkt vom Spargelhof und frische 1A-Erdbeeren pflücke ich selber auf nachbarlichem Feld: ein ruhiges und entspanntes Leben in der Nähe unserer Kinder und Kindeskinder mit der angenehmen, völlig neuen Lebenserfahrung, dass wir erstmals von jeglichem finanziellen und zeitlichen Druck befreit sind. Ein Leben lang haben wir Kino gemacht, jetzt machen wir in Familie.

Den rauen Umgangston der Berliner Kodderschnauze gewohnt, überrascht uns die herzliche Freundlichkeit des ostwestfälischen Menschenschlags, die wir bei jeder Begegnung mit Einheimischen erfahren. Unterwegs mit dem Fahrrad grüßt mich jeder unbekannt Entgegenkommende mit einem freundlichen »Hallo« oder »Guten Morgen«, einem Grußritual, das ich nur von bayrischen Bergwanderungen kenne, weshalb ich im ersten Erschrecken einem automatischen Reflex gehorchend die dort gebräuchliche Grußformel »Grüß Gott« hervorbringe, die bei aller regionalen Nähe zum Münsteraner Katholizismus in dieser Gegend nicht gebräuchlich ist.

»A Golfer's and Another Person's Home. Guess Who is There.« Ein Schild mit dieser klaren Aussage ziert unsere Eingangstür und bekundet das von meiner Frau Rosemarie in Berlin aus zeitlichen

Gründen nur selten betriebene Sporthobby, während sich mein sportlicher Ehrgeiz mehr auf Schwimmen und Fahrradfahren beschränkt, wozu das flache Vorland des Sauerlandes und des Teutoburger Waldes die bergfreie Idealvoraussetzung bietet zum stressfreien Durchfahren einer weithin sichtbaren Naturlandschaft, deren gesunde Luft in ihren pikanten Passagen mit der unverwechselbaren Duftnote wachstumsfördernder Gülle gewürzt ist. Bei jedem Nicht-Schlecht-Wetter-Tag – entgegen landläufigen Vorurteilen die Mehrzahl der Witterungsabläufe hierzulande – schwinge ich mit dem in seiner Geschmeidigkeit begrenzten Hüftschwung des eher geistig denn körperlich durchtrainierten Rentners auf mein barrierefreies Damenfahrrad, dessen Reifenprofile ich im ersten Jahr systematischer Landschaftserforschung rillenlos platt gewalzt habe. Angespornt vom erhöhten Leistungsvermögen meiner gleichmäßig rotierenden Beinmaschinen, beseelt vom bescheidenen Geschwindigkeitsrausch des zeitlich unbedrängten Radfahramateurs, die Unebenheiten der Wege mit schmerzgestählten Bobacken elastisch auffangend, bin ich stets den Launen des Windes ausgeliefert, dessen Stärke sich im Rauschen des Blätterwaldes verhängnisvoll ankündigt: Gegenwind halbiert meine Geschwindigkeit, Seitenwind drängt mich vom geraden Weg ab, Rückenwind peitscht mich mit E-Bike-Power voran.

So im Einklang mit der Natur durchstreife ich die vier Jahreszeiten mit ihrem Wandel von Farben und Formen auf einem Labyrinth von Fahrradwegen und kleinen, leeren Straßen, auf denen ich mehr Hasen, Rebhühnern und Rehen als Autos begegne. Mein cineastisch geschulter Blick für schöne Kinobilder erfasst im Cinemascope-Format den Reiz der sich mir eröffnenden Landschaftspanoramen mit ihren weiten Ebenen und sanften Hügeln, über die sich in harmonischer Abrundung ein unendlich blauer Himmel mit seinem lautlos schwebenden Wechselspiel weißer und grauer und schwarzer Wolkenschattierungen wölbt: An- und Ausblicke, die mich mit der die gleichen Glückshormone auslösenden Gefühlsintensität erfüllen, die mich ansonsten beim Erreichen meiner beiden bevorzugten Urlaubswelten, Berge und Meer, überfällt – auch wenn hier nirgendwo am Horizont das Gebirgsrelief hoher Alpengipfel hochragt und auch keine Gischt sprühenden Wellenberge an nicht vorhandene Ufer klatschen. In neuer Umgebung und mit zunehmendem Alter verschiebt sich die Werteskala individueller Genüsse. Dinge, die einst wichtig erschienen, verlieren an Bedeutung. Anderes, was ich früher aus Zeitmangel, Desinteresse oder Überheblichkeit kaum beachtete, gewinnt an Wert.

Ein schöpferischer Nebeneffekt der Radtouren soll nicht unerwähnt bleiben. Auf diesen Fahrten sind mir die besten Anregungen und schönsten Formulierungen für dieses Buch eingefallen. Mein Brainstorming findet auf dem Fahrradsattel statt. Befreit von allen Umgebungsstörungen, berauscht von der Schönheit und Stille der Natur, musikalisch unterhalten vom vielstimmig zwitschernden Gesang der Vögel, eingelullt vom eintönigen Surren der Reifen auf dem Asphalt und ins Wachkoma der Bewusstseinserweiterung versetzt, weht der Fahrtwind die Gehirnzellen frei und aktiviert ungeahnte körperliche wie geistige Energien, die mit blitzartigen Eingebungen alle Denkblockaden auflösen, die mich Stunden zuvor am Laptop daran hinderten, jene Buchstaben anzutippen, die den Leser reizen, weiterzulesen. Radfahren als Meditation. So sei die Feststellung erlaubt: Die Hälfte dieses Buches wurde erradelt.

Endlich komme ich zur Sichtung meiner umfangreichen DVD-Sammlung, die ich im Ehrgeiz des Habenwollens all meiner Lieblingsfilme angehäuft, aber nie abgespielt habe. Und zum Lesen. Denn ein ganzes Buch zu lesen, dazu hatte ich nur im Urlaub Zeit.

So warten wir vergeblich auf das Ankommen der Langeweile, die uns fest versprochen wurde, und müssen alle bitter enttäuschen, die da lauthals prophezeiten, spätestens nach einem halben Jahr kehren wir reumütig nach Berlin zurück. Für Langeweile habe ich keine Zeit. Langeweile begrenzt nur unnötig meine restliche Lebenserwartung mit sinnlos verplemperter Zeit.

Wir genießen als Omma und Oppa das Zusammensein mit unserer Familie, lernen neue Freunde kennen und begegnen alten Bekannten wieder, wie dem Apotheker in Langenberg, der mich freudig begrüßt mit der Frage, ob ich ihn denn nicht wiedererkenne? Ich durchkämme mein Personengedächtnis nach Urlaubsbekanntschaften, vergeblich, da ist er nicht, kann er auch gar nicht sein, entpuppt er sich doch als ehemaliger Stammgast des »filmkunst 66«, das er in seiner Studentenzeit jeden zweiten Tag besucht hat.

Und Rosemaries neue Golffreundin Babsie, wo hat sie wohl einst gearbeitet? In Berlin. In einer Boutique der Bleibtreustraße. Und wohin ging sie immer ins Kino? Ins »filmkunst 66« natürlich.

Und die Bedienung an der Tankstelle, wo ich morgens die leckeren, frischen Brötchen hole, erzählt mir von ihrem Neffen, der in Berlin studiert und auf ihre naive Frage, ob er denn das Kino »filmkunst 66« kenne, geantwortet hat: »Ich bin doch kein Kulturbanause? Wer kennt das »filmkunst 66« nicht? – Mein Lieblingskino.«

Und der Kapitän des Kreuzfahrtschiffs, der uns sicher durch das westliche Mittelmeer navigiert hat, offenbarte während eines gemeinsamen Golfspiels auf Malta meiner Frau Rosemarie, dass er in seinen Berliner Studienjahren Dauergast in einem Kino in der Bleibtreustraße war, dessen Namen er aber vergessen hat.

Man kann noch so weit seinem vergangenen Leben entfliehen, die Schatten der Vergangenheit holen einen immer wieder ein.

Bildnachweise:
Archiv »filmkunst 66«, Archiv Stadler, atlas Film Hanns Eckelkamp, Neue Visionen, Paramount Pictures Germany

# Dank

an alle, die mir bei diesem Buch behilflich waren:

meine Frau Rosemarie, deren Arbeitszimmer ich für das Schreiben dieses Buchs missbraucht und mit dicken Nachschlagewälzern ausgefüllt habe; stets hat sie widerspruchlos ihren Schreibtisch geräumt, wenn blitzartige Geistesblitze in Schriftform gebracht werden mussten, um sie vor der Gefahr der Vergesslichkeit zu bewahren; ihre eigenen Erinnerungen und Gedankensprünge gaben wertvolle Hinweise für Inhalt und Gestaltung meines Buchs;

meine Tochter Claudia, die mit ihrem Erfahrungsreichtum und Wissen über das Funktionieren von Schreibcomputern mich aus so mancher Katastrophensituation gerettet hat, die das störrische Eigenleben meines Laptops immer wieder bereit hielt, um meine Schreibversuche zu sabotieren;

Schwiegersohn Christian, der die Bilder für das Buch aufbereitet hat,

meine Amateur-Korrektoren Jürgen und Lisa:

Jürgen, der mit der detailbesessenen Akribie des gelernten Architekten sprachliche Ungereimtheiten aufgedeckt hat und

Enkeltochter Lisa, die mit dem frischen Schulwissen der 1,4-Abiturientin (die gleiche Abiturnote hatte ich auch, nur in umgekehrter Zahlenreihenfolge) meine grammatikalischen Nachlässigkeiten korrigiert hat;

Heribert, der schon alle „filmkunst 66"-Programmhefte gestaltet hat und nun auch den Buchumschlag,

vor allem danke ich den Millionen von Kinobesuchern, die mir fast 40 Jahre die Treue gehalten haben und auch weiterhin das »filmkunst 66« besuchen. Sie waren mein Antrieb, meine Inspiration. Ohne sie hätte ich dieses Buch nicht schreiben können.